本书受北京市教育规划办 2020 年度优先关注项目
"北京市专任教师从业状况与生活状况调查研究"（项目批准

ZHIYE YUANXIAO JIAOSHI
GONGZUO SHENGHUO
ZHILIANG YANJIU

职业院校教师
工作生活质量研究

尹玉辉　◎著

知识产权出版社

全国百佳图书出版单位
— 北 京 —

图书在版编目（CIP）数据

职业院校教师工作生活质量研究/尹玉辉著. —北京：知识产权出版社，2023.11
ISBN 978 - 7 - 5130 - 8933 - 3

Ⅰ.①职… Ⅱ.①尹… Ⅲ.①职业教育—教师—工作—研究②职业教育—教师—生活质量—研究 Ⅳ.①G715

中国国家版本馆 CIP 数据核字（2023）第 187969 号

责任编辑：贺小霞　　　　　　　　　　责任校对：王　岩
封面设计：春天书装　　　　　　　　　责任印制：孙婷婷

职业院校教师工作生活质量研究
尹玉辉　著

出版发行：	知识产权出版社 有限责任公司	网　　址：	http：//www.ipph.cn
社　　址：	北京市海淀区气象路 50 号院	邮　　编：	100081
责编电话：	010 - 82000860 转 8129	责编邮箱：	2006HeXiaoXia@ sina.com
发行电话：	010 - 82000860 转 8101/8102	发行传真：	010 - 82000893/82005070/82000270
印　　刷：	北京建宏印刷有限公司	经　　销：	新华书店、各大网上书店及相关专业书店
开　　本：	787mm×1092mm　1/16	印　　张：	12.75
版　　次：	2023 年 11 月第 1 版	印　　次：	2023 年 11 月第 1 次印刷
字　　数：	190 千字	定　　价：	78.00 元

ISBN 978 - 7 - 5130 - 8933 - 3

前　言

　　"十四五"时期是职业教育高质量内涵式发展的关键阶段，也是构建职业教育发展新格局的重要时期。国家相继出台的系列职业教育政策都指向职业教育高质量发展。2021年10月中共中央办公厅、国务院办公厅印发了《关于推动现代职业教育高质量发展的意见》，对职业教育高质量发展提出新目标和新愿景，明确提出"到2025年，职业教育类型特色更加鲜明，现代职业教育体系基本建成，技能型社会建设全面推进"。"到2035年，职业教育整体水平进入世界前列，技能型社会基本建成"。教育大计，教师为本，职业教育高质量发展首先要建设一支高素质的职业教育教师队伍。职业教育高质量人才培养最终需要基层一线教师的具体教育实践，职业教育教师的教育教学水平决定学生培养质量，决定职业教育服务经济社会发展的能力。

　　"双师型"教师队伍是职业教育高质量发展，提高职业教育人才培养质量的重要教学资源保障。"双师型"教师队伍建设要求职业院校教师具有专业教学和实践双重能力，既要理论教学，又要实践教学。然而理论和实践是在两条路上的追逐，要求"双师型"教师实践够好，教学够好，具有企业和学校就业竞争双优势，既能够胜任企业生产要求，又能满足学校教学要求，能够在企业和学校之间流动。这个要求高于普通教育教师，需要"双师型"教师付出极大的努力，对其如何平衡工作和生活之间的关系提出挑战。"双师型"教师概念从提出至今，具有"双证"说、"双能"说、"双职称"说和"双师结构"说，内涵不清晰。2022年，教育部办公厅发布《关于做好职业教育"双师型"教师认定工作的通知》，首次在国家层面出台"双师型"教师基本标准，在实践层面做出相对明确的指导，解决在职业教育实际办学过程中"双师型"教师认定的可操作性和规范性问题。但在实践领域"双师型"教师队伍建设距理论上的理想状态尚有不小差距。切实提升职业教育办学质量，办好职业教育，亟须加强以"双师型"教师队伍建设为核心的职业院校教师队伍建设。

重视和关心教师工作生活需求且满足他们的合理需求是增强教师凝聚力、稳定教师队伍、提高教师工作积极性的重要管理策略。对职业院校教师工作生活质量进行研究，关心职业教育教师专业发展与身心健康，维护其职业尊严，完善职业教育教师待遇保障机制，提升职业教育教师社会地位，对于建设我国高水平职业院校教师队伍具有重要意义。自2013年以来，笔者作为中国教育科学研究院职业与继续教育研究所的专职研究人员，参与全国职业教育满意度、职业教育学生发展状况等连续性的国家级大型调研项目，多年的调查实证研究使笔者对职业院校教师的工作环境、工作对象特点和生活压力有深入的了解。基于此，本研究围绕职业院校教师队伍建设，从教师工作满意度和教师专业发展研究入手，采用文献法、比较法和问卷调查法等开展研究，旨在为职业教育管理部门制定宏观调控政策提供重要决策依据。

第一章阐述职业院校教师工作生活质量研究的时代背景、缘起，对专任教师、从业状况、从业满意度等核心概念进行界定，对职业院校教师工作生活质量进行简要文献综述，对本书的研究目标与内容、研究思路与方法进行介绍。

第二章对我国职业院校教师工作生活质量研究进行文献综述，运用文献计量研究法，从年度发文、关键字等方面定量分析，客观反映教师职业倦怠、工作满意度以及激励机制等具体研究领域的基本状况，探讨职业院校教师工作生活质量研究的方向和维度，为提高职业院校教师收获感和幸福感提供理论和实践指导。

第三章采用全国中等职业教育教师满意度调查数据，运用结构方程对我国中等职业教育教师工作满意度情况进行实证分析，研究聚焦中职一线教师诉求和教师工作状态，在职业教育高质量发展背景下有针对性地为改进学校教师管理工作提供政策支持和实践指导。

第四章对不同职业发展阶段的中职教师满意度影响因素进行实证分析。影响不同职业发展阶段中职教师的满意度既有共性因素又有阶段性因素，不同职业发展阶段教师诉求显著不同，职称越高的教师对组织提供体现职业教育类型特色化的教师专业能力的发展机会需求越高，如教师入企实践等；对学校组织支持的需求也越高。在共性因素上，职业期望、福利待遇和考核评价对整个中职教师群体的影响都较大。

第五章基于全国中职教师工作满意度调查数据，构建教师个体层级、学校层级和省区层级的三层线性模型，实证我国中职教师工作满意度与教师个体因素、学校层级的学校管理因素和省区层级的政府保障之间的影响关系。

第六章对我国当前的职业院校师资培训状况进行调查研究，探讨我国职业院校教师专业发展存在的主要问题，为职业院校提高师资培训水平，助力"十四五"时期职业院校高质量发展提供政策建议。

第七章探讨我国职业教育在国际化过程中，职业教育教师国际化的必要性、面临的问题和推进路径，提出加强制度顶层设计、加大相关项目财政支持、搭建高层次国际化交流平台、提高国际化办学理念、确保职业院校组织和制度保障等应对策略。

该研究能够顺利完成，离不开各方人士的支持与帮助。作为中国教育科学研究院职业教育与继续教育研究所的一名研究人员，调查研究基于所内同事共同努力，特别感谢同事的大力支持；同时非常感谢职业教育专家的鼎力支持以及诸多师生的积极参与。本研究参考了大量的文献与研究成果，非常感谢各位作者的卓越贡献。

在本书的完善过程中，知识产权出版社编辑贺小霞提出了许多宝贵意见，作者在此深表谢意。

目　录

第一章　绪　论

2019 年，国务院印发《国家职业教育改革实施方案》首句就明确提出："职业教育与普通教育是两种不同教育类型，具有同等重要地位。"党和国家首次公开明确职业教育的社会地位。教师是教育发展的第一资源。关心职业教育教师职业发展与身心健康，完善职业教育教师待遇保障机制，维护职业教育教师职业尊严，提升职业教育教师社会地位，是大力发展职业教育，提升职业教育水平的重要保障。

一、问题提出

（一）职业教育正由规模化向内涵化发展转变

1. 我国已建成世界上规模最大的职业教育体系

一直以来，党和国家高度重视职业教育，着力推动职业改革，积极作为，职业教育发展获得格局性改变。我国已建成世界上规模最大的职业教育体系。中等职业教育和专科高等职业教育体量占到中高等教育规模的半壁江山。2021 年，全国有职业院校 8812 所，其中中职学校 7294 所（包含普通中等专业学校、职业高中和成人中等专业学校）、高职（专科）院校 1486 所、本科层次职业学校 32 所。中职招生 488.99 万人，在校生 1311.81 万人，招生和在校生分别占高中阶段教育的 35.07%，33.49%。高职（专科）招生 552.58 万人，在校生 1590.10 万人；职业本科招生 4.14 万人，在校生 12.93 万人，高等职业教育招生和在校生分别占高等本专科教育的 55.60%，45.85%。职业教育占整个中高等教育的半壁江山，每年培养 1000 万左右的高素质技术技能人才。❶ 随着我国适龄人口减少，生源大幅降低，职业教育规模扩张已经面临极限。

2. 职业教育层次上移，高职招生规模不断扩大

2000 年年初，国务院把设立高等职业技术教育院校的权力下放到省级人民政府，开始职业技术学院数量和规模大发展时期。从高职高专的学校总数来看，2000 年我国高职高专学校数为 442 所，2001 年就达到 628 所，增加了 186 所，学校数一年增长了 42.1%；2021 年，高职高专学校数更是达到 1486 所，比 2000 年增加 1044 所，增长了 2.36 倍。❷

从普通专科在校生数来看，2011 年在校生规模为 958.9 万人，逐年递增，至 2014 年，我国普通专科在校生数首次超过 1000 万人大关，达 1006.6 万人，完成了阶段性目标。随后，普通专科在校生数稳定在 1000 万人以上，保持小幅上升态势，在 2018 年达到 1133.7 万人。2019 年国务院做出扩招 100 万人的决定，高职（专科）教育在校生数大幅提高，2021 年这一规模达到 1590.1 万人，是 2011 年在校生数的 1.66 倍。❸ 高等职业教育为我国实现高等教育普及化目标做出重要贡献。

3. 搭建类型教育体系，稳步发展本科层次职业教育

本科层次职业教育的诞生为接受职业教育的学生畅通了升学渠道，让中职学生在升学和职业发展方面与普高学生机会均等。2014 年，《现代职业教育体系建设规划（2014—2020 年）》明确提出，拓宽高等职业学校招收中等职业学校毕业生、应用技术类型高等学校招收职业院校毕业生通道，打开职业院校学生的成长空间。在确有需要的职业领域，可以实行中职、专科、本科贯通培养。这一政策实际上是通过部分高校，尤其是新建本科院校转型为应用技术类型高校，完成职业教育层次布局调整，解决职

❶ 2021 年全国教育事业发展统计公报 [EB/OL]. （2022 - 09 - 14）[2023 - 05 - 26]. http://www.moe.gov.cn/jyb_sjzl/sjzl_fztjgb/202209/t20220914_660850.html.
❷ 数据来源：历年《中国教育统计年鉴》。
❸ 数据来源：历年《中国教育统计年鉴》。

业教育的断头路问题和人才培养层次规格与经济社会发展需求不适应的问题，最终促进中国现代职业教育体系的建构。同年，《国务院关于加快发展现代职业教育的决定》首次提出发展本科层次职业教育以来，本科职业教育在曲折中前进，至 2019 年《国家职业教育改革实施方案》颁发，正式开展试点和探索工作。2019 年，教育部批准首批本科层次职业教育试点学校，15 所学校由"职业学院"更名为"职业大学"，升级为本科院校。至 2021 年，我国本科层次职业院校已经达到 32 所。随着人口红利消失，经济转型发展对高素质专业人才的要求越来越高，"十四五"时期，职业教育高质量内涵式发展成为时代命题。

（二）职业教育高质量内涵式发展亟须加强师资队伍建设

教师作为教育活动的主体之一，是履行教育职责、培养人才最重要的践行者。提高教育质量首要是加强师资力量。一直以来，尤其是党的十八大以来，党和国家高度重视职业教育发展，把教师队伍建设作为基础性工作来抓：先后印发《中等职业学校教师专业标准（试行）》《职业学校教师企业实践规定》《全国职业院校教师教学创新团队建设方案》《深化新时代职业教育"双师型"教师队伍建设改革实施方案》等一系列文件；相继实施国培计划、职业院校教师素质提高计划、中等职业学校专业骨干教师培训项目和青年教师企业实践项目，实施卓越教师培养计划等一系列项目，提升职业教育师资队伍建设水平，有效支撑职业教育改革发展。推进依法治校，提升职业院校治理能力；改善教师工作条件，支持职业教师专业化发展；改进职业教师评价，针对教师的岗位类型和岗位特征，区别制定各类教师的评价标准并实行分类评价；着力打造高素质"双师型"教师队伍等，职业教育教师队伍建设取得显著成效；职业院校管理的规范化、精细化和科学化水平不断提升；学校在教师评价、培训和管理方面形成富有效率、更加开放的教师工作机制；"双师型"教师占专任教师比例不断提高，教师专业实践教学能力不足的问题得到有效缓解。尽管职业院校教师队伍建设取得一定成效，但对比国家职业教育高质量发展对师资的要求，职业院校师资队伍建设仍然存在教师经济和社会地位不高、专业化发展支持不够、工作成就感较低等突出问题。

1. 职业院校教师经济社会地位不高

一直以来，政府高度重视职业院校教师队伍建设，着力提升教师地位待遇，职业院校教师群体的社会地位得到逐步提高。但从世界范围看，我国教育行业工作者的经济待遇不高。从经合组织（OECD）国家"教行比"〔选取教师职业工作 15 年值与全行业工作 15 年均值进行比较（1998—2016 年）〕来看，东亚近邻日本、韩国均显著高于我国；德国最高，达到了 1.71；法国和美国虽然低于 OECD 国家"教行比"均值，但仍高于我国。且近 20 年来，与 OECD 均值相比中国"教行比"偏低约 30%。与普通院校教师相比，职业院校教师工作压力大，待遇低。受我国招生制度的影响，职业院校学生普遍存在学习习惯差、行为习惯差、自我管理意识差等问题，职业院校教师面临更为繁重的学生管理压力，工作琐碎繁杂。而从收入上看，职业院校教师福利待遇普遍低于普通院校教师，职业院校教师的经济和社会地位仍然有待提高。

2. 职业院校教师专业化发展的支持体系不完善

教师的专业发展是教师"专业化"的内在要求，是合理构建"理想的我"、合理定位"现实的我"、建立职业院校教师群体自信的必然要求。当前我国职业教育教师的专业发展支持体系尚不健全，一是职业院校教师培养机构短缺，全国仅有 4 所院校专门从事职业院校教师培养，且培养层次不高。职业院校教师多为普通教育毕业生，尤其是年轻教师，动手实践能力不强。二是职业院校教师培训体系不健全，培训内容宽泛，缺乏针对性，不够具体和实用，内容上的供需错位导致教师参训积极性不高；培训专业有限，难以覆盖职业院校的所有专业，存在部分学科教师重复参加培训，而部分学科老师一直没有机会参加培训的不合理现象；教师培训时间缺乏统筹安排，职业院校教师平时教学任务重、假期招生任务重，难以抽出时间参加培训。三是职业教师入企实践机会较少，影响"双师型"教师队伍建设。尽管学校在"双师型"教师建设上的支持力度很大，但是专业课教师到企业实践的机会很少。学校认为企业主动进行校企合作的意愿较低，而且企业以追求经济利益为最大目的，认为教师进入企业实践会影响其正常生产，因此不愿意接受教师入企实践。

3. 职业院校教师工作成就感低，职业倦怠明显

作为一种育人职业，教师的工作主要围绕学生开展，教师对学生的评价直接影响其从业满意度，进而影响教师完善自身素质的强烈愿望和工作积极性。在当前职业教育学生生源质量下滑的时代背景下，职业院校教师呈现出职业认同危机与自我意义感丧失的现状，具体表现为教师自我身份感的困惑与归属感的缺失，教师专业角色的冲突与困惑，职业倦怠明显。有调查显示，当前中职学校教师从业满意度不高，仅处于"基本满意"状态。❶ 职业院校教师面对基础知识薄弱、积极性不高、日常生活习惯不好的一些学生，虽付出大量精力，但难以改变学生学习能力和精神面貌，教书育人的乐趣和成就感不足，逐渐失去对工作的热情，产生明显的职业倦怠感。造成职业院校教师的职业吸引力不足，工作积极性不高。

二、核心概念界定

（一）职业教育专任教师

专任教师是指具有教师资格，专职从事教学工作的人员。本书研究对象为职业院校专任教师，具体满足以下两个要求，一是具有教师资格证书，二是要在研究的时段内承担教学工作。

（二）从业状况

从业即指劳动者在一定时间内参与社会分工，从事社会经济活动，并能获得工资、经营收入或其他形式的劳动报酬，以实现个人生存、发展或得到精神满足的目标的持续过程。从业是一个持续进行的过程，是一个阶

---

❶ 尹玉辉. 中职教师从业体验高于预期：2019 年全国中等职业教育满意度调查新发现（二）［N］. 中国教育报，2020 - 08 - 18.

段性而非时点性概念。从微观上看，从业状况主要是指从业质量，本书将教师从业状况界定为职业院校专任教师的从业质量，主要指教师对工作生活整体以及工作特性、工作环境、薪酬福利、组织管理、晋升发展等工作生活各维度的主观感受。

（三）工作满意度

工作满意度是指员工对工作环境的感受以及生理和心理上的满足状态，一般被定义为员工对工作的情感或态度。[1] 教师工作满意度是教师对所从事的职业、工作条件与状况的一种总体感受与看法。一般认为，较高的工作满意度可以带来更高的工作绩效和更低的离职率，而且工作满意度还是整个生活状态的重要构成指标，影响人们生活的幸福感。[2] 本研究试图从满意度的角度对职业院校专任教师的从业状况与生活状况进行调查研究。

三、文献述评

自 1935 年赫伯克（Hoppock）提出"工作满意度"概念以来，工作满意度成为组织管理学中的重要心理指标，国内外众多研究者在满意度的测量方法、影响因素、构成要素等方面进行了诸多研究。

（一）工作满意度测量方法

工作满意度的测量方法主要有两种。一种是单一整体测量法，就是从整体上考察员工的工作满意度，应用较多的是密西根组织评估问卷（Michigan Organizational Assessment Questionaire，MOAQ）的工作满意度分量表（Job Satisfaction Scale，JSS）。另一种是综合评分法，指出员工的工作满意度由与其工作相关的各个方面的满意度组成，应用较多的是明尼苏达工作

---

[1] HOPPOCK R. Job satisfaction [M]. New York，NY：Harper and Brothers Publisher，1935.
[2] 范皑皑，丁小浩. 教育、工作自主性与工作满意度 [J]. 清华大学教育研究，2007（6）：40－47.

满意度量表（Minnesota Satisfaction Questionaire，MSQ）。有学者认为，工作满意度的测量是一个复杂的系统，两种测量方法各有利弊，最好是将两者结合起来进行探究。❶

（二） 工作满意度影响因素

工作满意度影响因素的探讨是与一定的理论相结合的。当前比较主流、应用相对较广的理论主要有三种：一是 Adams 的公平理论，其指出工作满意度是员工将自己的收益和他人相比较的结果；二是 Vroom 的期望理论，其指出工作满意度源于员工对个人工作的评估达到其期望水平的程度；三是 Herzberg 的双因素理论，其指出引起人们工作动机的因素主要有两个：一是激励因素，二是保健因素。❷ 激励因素能够给人们带来满意感，而保健因素能消除人们的不满。

（三） 工作满意度构成要素

教育大计，教师为本。基于不同的理论，国内外学者对教师这一特殊群体的工作满意度的构成要素进行了诸多研究。最早教师工作满意度的构成要素包括学校管理，物理环境，社区关系，与教师、学生、家长的关系几个方面。海克曼和欧得曼（Hackman & Oldham）定义了五个决定教师工作满意度的因素，它们分别是技能种类、任务本身、工作价值、自主权、工作回报。❸后期有作者认为，学校管理、同事关系、工作环境、薪水、工作本身和安全等要素决定了教师的工作满意度状况。

我国的教师工作满意度起始于在基础教育领域的研究。陈云英和孙绍邦提出教师工作满意度的六个因素：工作性质、物理条件、薪水、进修提升、人际关系、领导管理。冯伯麟通过开放式的问卷和因素分析得出了教师工作满意度的五个维度：自我实现、工作强度、工资收入、领导关系和

---

❶ 冯缙，秦启文. 工作满意度研究述评 ［J］. 心理科学，2009，32（4）：900 – 902，899.

❷ 才国伟，刘剑雄. 归因、自主权与工作满意度 ［J］. 管理世界，2013（1）：133 – 142，167.

❸ HACKMAN J R，OLDHAM G R. Development of the Job Diagnostic Survey ［J］. Journal of Applied Psychology，1975，60（2）：159 – 170.

同事关系。❶ 陈卫旗在研究中用主成分法提取了教师工作满意度的十个维度：教育体制和社会环境、领导与管理、工作成就、社会认可、社会地位、工作压力、工作环境与条件、收入与福利、同事关系和学生品质。❷ 近年来，学者们研究多侧重将最新的实证研究方法融入工作满意度的数据分析中，采用中介变量法，考察组织支持、职业认同、职业承诺和职业倦怠等变量之间的影响机制。例如，罗杰等将工作满意度作为中介变量，考察教师职业认同与情感承诺的关系。❸ 汤金宝实证探讨组织支持感对教师工作满意度和工作压力的影响分析，以及将组织承诺和职业承诺作为中介变量的实证分析。❹ 贺文洁等将教师能动性作为中介作用，考虑学校文化氛围对乡村教师工作满意度的影响。❺ 或者是通过多层次数据分析，对数据进行深入的分析和挖掘，例如裴丽等基于 TALIS（Teaching and Learning International Survey）2013 年调查数据，构建多水平数据模型，实证东亚地区中国上海、日本、新加坡和韩国的教师环境满意度和职业满意度及其影响因素。❻

总体上看，我国教师工作满意度研究始于中小学基础教育教师群体，高潮于高等教育领域教师群体。但是在中等职业教育领域研究就比较少，贾璇和徐大真通过对职业教育满意度研究的文献计量分析也发现，职业教育满意度研究对象以高职院校为主，对中等职业教育满意度的研究较为缺乏。❼ 在中国知网（CNKI）上以"教师工作满意度"为关键词进行期刊搜

---

❶ 冯柏麟. 教师工作满意及其影响因素的研究 [J]. 教育研究，1996（2）：42 – 49，6.

❷ 陈卫旗. 中学教师工作满意感的结构及其与离职倾向、工作积极性的关系 [J]. 心理发展与教育，1998（1）：38 – 44.

❸ 罗杰，周瑗，陈维，等. 教师职业认同与情感承诺的关系：工作满意度的中介作用 [J]. 心理发展与教育，2014，30（3）：322 – 328.

❹ 汤金宝. 中学教师组织支持感对工作满意度、工作压力的作用机制研究 [D]. 南京：南京航空航天大学，2018.

❺ 贺文洁，李琼，穆洪华. 学校文化氛围对乡村教师工作满意度的影响：教师能动性的中介作用 [J]. 教师教育研究，2018，30（3）：39 – 45，128.

❻ 裴丽，唐一鹏，黄嘉莉，等. 东亚高绩效四国教师工作满意度及其影响因素：基于 TALIS 数据的多水平分析 [J]. 教师教育研究，2020，32（1）：50 – 59.

❼ 贾璇，徐大真. 关于职业教育满意度研究的文献分析 [J]. 职业教育研究，2016（5）：22 – 25.

索，相关文章有 500 篇，进一步地将搜索范围限定在核心期刊内，有 102 篇，其中涉及职业教育领域的仅有 17 篇，专门针对中等职业院校教师群体进行的工作满意度研究仅有 4 篇，这 4 篇文章发表时间最近的一篇是在 2011 年。这与 2016 年贾璇等学者文献计量分析研究结果一致。

四、研究目标与内容

（一）研究目标

本研究借鉴满意度期望理论和教师专业发展理论，广泛吸纳美国加利福尼亚大学研究机构、美国明尼苏达满意度量表、美国 NOEL–Levitz 公司和英国相关教育研究机构开发设计的教育满意度调查工具，构建职业教育教师工作满意度影响因素维度，开发职业教育专任教师工作满意度调查测量量表，探究影响职业院校专任教师工作满意度的重要因素，为政府教育行政主管部门全面认识和了解职业教师队伍建设的状况，实行政府调控提供重要事实依据。

本研究针对教师生活层面，从社会学角度，对教师的社会地位、社会阶层等进行调查研究，深入地剖析教师自身生活因素对教师工作满意度的影响。

（二）研究内容

本研究通过对职业学校教师工作满意度的调查，解析职业教育教师队伍建设方面存在的主要问题，并针对性地提出相关改进策略，促进职业教育教学质量的提高。研究的主要内容有：

第一，系统归纳国家教育行政主管部门职业教育发展和职业教育教师队伍建设的政策，阐释职业教育教师工作满意度研究的时代背景；对国内外相关研究资料进行梳理，鉴别其研究视角，为本研究的开展奠定理论基础。

第二，精心设计调查问卷，对教师从业状况进行详细调查和统计分析。在从业状况方面，从教育预期、工作环境、文化氛围、专业发展、社会地位、薪酬待遇、教学效能感、学校治理和总体满意度等维度进行统计分析与比较，探寻职业院校教育教师工作满意度的影响因素。在生活状况方面，从生活品质和身心健康方面进行测度。

第三，根据调查结果，系统分析当前影响职业院校教师工作满意度的关键因素，并剖析其成因，确立教师队伍建设改革与发展的重点与难点，为制定提升职业院校教师队伍素质的具体措施提供事实和理论依据。

（三）研究假设

通过测评教师在个人工作中的实际感受与期望感受之间的差异情况，判断其对从事教师职业的满意度。教师期望与实际体验之间的差异越小满意程度越高，差异愈大满意程度越低。将教师的教育期望、工作环境、文化氛围、专业发展、社会地位、薪酬待遇、教学效能感、学校治理拟定为教师满意度的影响因素，研究假设如下：

假设1：教师的教育预期对教师满意度影响显著。

假设2：教师的工作环境、文化氛围、专业发展、社会地位、薪酬待遇、教学效能感、学校治理等工作状况对教师满意度影响显著。

假设3：教师自身的阶层地位、职称、家庭负担、身心健康等生活状况对教师满意度影响显著。

五、研究思路与方法

（一）研究思路

借鉴世界发达国家的做法和经验，基于满意度期望理论和职业教师专业发展理论，采用问卷调查法和现场访谈法，调查职业学校专任教师工作满意度情况和生活满意度情况。在收集相关数据的基础上，进行定量分析和定性研究，探寻影响职业教育教师工作满意度的关键因素，明确目前职业教育教师建设方面存在的主要问题，提出提升教师工作满意度的有效措施和政策选择。

（二）研究方法

1. 文献法

利用中国知网、万方数据库有关教师工作满意度研究的论文、报道、专著等，了解与职业教育教师队伍建设相关的国内外研究现状，获得本研究相关的理论基础，并为本研究的因素分析、问卷设计和研究结果提供参考。

2. 调查研究

考虑不同学校的办学类型和属性，利用分层不等概率抽样进行网络调查。同时，选取部分教师进行访谈。

3. 数理分析

采用结构方程方法、中介变量方法、多层次线性模型等进行因果推断，对调查结果进行分析。

第二章 职业院校教师工作
生活质量研究的现状

"十四五"时期，职业教育进入高质量内涵式发展阶段。职业教育高质量内涵式发展的核心是提高教育质量，关键是要建设一支高水平教师队伍。重视和关心教师工作生活需求和满足他们的需求是稳定教师队伍、增强教师凝聚力、提高教师工作积极性的重要管理策略。本章对 2000 年以来，学界对我国职业院校教师工作生活质量的研究文献进行量化和质性分析，探讨今后职业院校教师工作生活质量研究的方向和维度，为进一步提高职业院校教师的收获感和幸福感提供理论和实践指导。

第一节 职业院校教师工作生活质量研究概述

一、政策驱动下的研究

教师工作生活质量是教师在一定的物质条件基础上对工作生活整体状况以及工作特性、工作环境、薪酬福利、组织管理、职业晋升、专业发展等工作生活各维度的主观感受与评价。❶ 20 世纪 70 年代，随着工作生活质量运动的兴起，教育领域学者开始关注在教育系统中的各类教师群体，研

---

❶ 罗儒国. 教师工作生活质量概念释义与辨析 [J]. 教师教育学报，2015，2（5）：29-37.

究其工作生活质量。经过国内多年本土化的研究，我国职业院校教师工作生活质量主题的研究取得一些成果。为系统分析学界在研究教师工作生活质量方面取得的进展，在中国知网平台，采用文献检索法，以"教师工作质量"或"教师生活质量"为篇名，进行模糊检索，选定"职业教育学科"，收集文献。共收集到 109 条记录，剔除 16 条无效记录，共得到 93 条有效记录，最终选定 93 篇文献为研究对象。运用 Excel 软件，从文献发表年度和所属基金角度进行数据分析，发现这 93 篇文献均发表在 2000 年以后，且不同年份发表的文献数量呈现波动状态，具有明显的政策驱动效应。

（一）文章发表年度情况

不同年份发文数量呈现差异性。从收集第一篇文献的 2000 年，到最新一篇文献发表的 2022 年，整理这期间各年份发文数量，找出发文年份的低谷期和高峰期，并结合对应年份发布的相关教育政策，对发文数量的多少展开分析，能有效找到教育政策和研究热点间的联系。统计分析发现，学界对于职业院校教师工作生活质量的研究热度呈现出多个低谷期和高峰期，其中发文数量最多的年份为 2015 年（见图 2 - 1）。

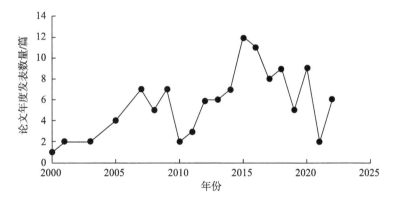

图 2 - 1　职业院校教师工作生活质量论文年度发表情况

2000—2009 年，以职业院校教师工作生活质量研究为主题的文章以增多为主趋势；2010—2015 年，发文数量明显呈现逐年增多趋势，2015 年达到最高峰。梳理相关教育政策后发现，在研究的低谷期，也是政策的空档期；研究的高峰期，也是国家进行教师队伍建设改革的重要期，均有相应的重磅政策推出。

2010 年，《国家中长期教育改革和发展规划纲要（2010—2020 年)》发布，提出："建立统一的中小学教师职务（职称）系列，在中小学设置正高级教师职务（职称）。探索在职业学校设置正高级教师职务（职称）"。2011 年，教育部、财政部印发《关于实施职业院校教师素质提高计划的意见》，提出："以建设高素质专业化'双师型'教师队伍为目标，以提升教师专业素质、优化教师队伍结构、完善教师培养培训体系为主要内容，以深化校企合作、提高培训质量为着力点，大幅度提高职业院校教师队伍建设的水平，为职业教育科学发展提供强有力的人才保障"。2018 年，中共中央、国务院印发《关于全面深化新时代教师队伍建设改革的意见》，提出："建设一支高素质双师型的教师队伍。继续实施职业院校教师素质提高计划，引领带动各地建立一支技艺精湛、专兼结合的双师型教师队伍"。2019 年，人力资源社会保障部、教育部印发《关于深化中等职业学校教师职称制度改革的指导意见》，提出"遵循职业教育特点和中等职业学校教师职业发展规律，构建分类清晰、名称统一、科学规范的中等职业学校教师职称制度，畅通中等职业学校教师职业发展通道，为加快发展现代职业教育提供制度保障和人才支撑"。可以看到，2010 年《国家中长期教育改革和发展规划纲要（2010—2020 年)》的出台，对引导学界加强教师研究起到了重要的推动作用。2015 年，教育部《关于深化职业教育教学改革全面提高人才培养质量的若干意见》的发布，更是让以职业院校教师政策为主题的学术研究发表达到一个高峰。政策实践和学界学术研究形成有效互动促进，职业院校教师作为政策涉及对象的一部分，受到学界的广泛关注（见表 2 - 1）。

表 2 - 1   涉及职业院校教师的相关政策文件

发文时间	相关政策文件
2002. 08. 24	国务院《关于大力推进职业教育改革与发展的决定》
2004. 04. 30	教育部、财政部《关于推进职业教育若干工作的意见》

发文时间	相关政策文件
2005. 10. 28	国务院《关于大力发展职业教育的决定》
2007. 05. 18	教育部《国家教育事业发展"十一五"规划纲要》
2009. 08. 27	《中华人民共和国教师法（2009 修正）》
2010. 07. 29	《国家中长期教育改革和发展规划纲要（2010—2020 年）》
2011. 11. 08	教育部、财政部《关于实施职业院校教师素质提高计划的意见》
2012. 08. 20	国务院《关于加强教师队伍建设的意见》
2013. 05. 16	教育部办公厅、财政部办公厅《职业院校教师素质提高计划中等职业学校专业骨干教师培训项目管理办法》
2014. 05. 02	国务院《关于加快发展现代职业教育的决定》
2015. 07. 27	教育部《关于深化职业教育教学改革全面提高人才培养质量的若干意见》
2017. 08. 10	教育部办公厅、财政部办公厅《关于做好职业院校教师素质提高计划 2017 年度项目组织实施工作的通知》
2018. 01. 20	中共中央、国务院《关于全面深化新时代教师队伍建设改革的意见》
2019. 01. 24	国务院《国家职业教育改革实施方案》
2019. 08. 23	人力资源和社会保障部、教育部《关于深化中等职业学校教师职称制度改革的指导意见》
2019. 04. 01	教育部、财政部《关于实施中国特色高水平高职学校和专业建设计划的意见》
2021. 01. 04	教育部等六部门《关于加强新时代高校教师队伍建设改革的指导意见》
2021. 08. 04	教育部、财政部《关于实施职业院校教师素质提高计划（2021—2025 年）的通知》
2022. 05. 17	教育部办公厅《关于开展职业教育教师队伍能力提升行动的通知》

（二）发表文章基金支持情况

已发表文章受到各层级基金支持的情况，能够很好地反映政策对学界研究方向的引导。研究项目受到基金支持的层级越高，研究的政策前瞻性越高。目前在中国知网收集的文献中，主要有国家社科基金项目、教育部人文社科基金项目、自然科学基金项目三类，一般认为这三类基金的申请难度，以国家社科基金项目的申请条件最为严格，其所获得的成果也更具有说服力。统计显示，所检索到的 93 篇文章中，共有 20 篇文章有基金支持。受全国教育科学规划办项目支持的文章数量远远高于其他类型基金，占比为40%。由此可见全国教育科学规划办支持项目在教育领域的重要学术研究引领作用。

二、教师工作生活质量文献述评

职业院校教师的工作压力与日俱增。当前职业院校生师比仍然较高，教师在教学任务、培训任务和科研任务之间的平衡问题亟待解决。整体来看，主要有三个压力来源，一是"双师型"教师队伍建设，"双师"素质不仅要求教师加强实践，而且要求教师加强理论学习，产出科研论文，教师面临实践和理论的双重压力；二是数字化时代，教师教学面临新变革，在信息化、数字化方面的学习压力较大；三是职业院校专业动态化调整，部分教师也面临再学习和再培训问题。同时，在具体的教学过程中，教师不仅需要参加教育教学、教学技术等相关师资水平能力提升的培训，还需要参加教育教学各类公开课、班主任大赛等多方面的考核评价。提高职业院校教师工作生活质量，降低其自身工作生活压力，提高职业幸福感和成就感，对教师队伍建设具有重要理论和实践意义。然而，通过对文献的梳理统计分析，发现我国学界对职业院校教师群体的工作生活质量研究深度和广度都亟待加强。研究仍然处于探索阶段，理论的本土化创新不足，已有的测量方法和指标对职业教育教师群体的针对性不强，后续研究有较大创新空间，具体表现在以下几个方面。

（一）理论本土化创新有待加强

我国教育研究者对职业院校教师工作生活质量的已有研究，以学习和借鉴国外理论研究成果为基础。纵观已有研究成果，教师工作生活质量的内涵是什么？如何对教师工作生活质量进行界定和定位？研究者是各有所指，存在着一定的分歧。❶从心理学角度来看，教师工作生活质量是一种

---

❶ 罗儒国. 教师工作生活质量研究：盘点与反思［J］. 西北师大学报：社会科学版，2012，49（1）：107-112.

主观感受，也属于一种理念和价值观，又或者是一种促进教师进步成长的方案或措施。这也导致学术界无法在教师工作生活质量这个概念上达成共识。因而，人们往往将教师工作生活质量与相关概念和范畴（如生活质量、主观生活质量、专业生活质量、职业生活质量、工作满意度、主观幸福感等）相混淆，甚至等同，进而导致在教师工作生活质量的构成要素、评价指标等系列问题上也缺乏统一的认识，严重影响和制约着教师工作生活质量的深入研究。❶ 所以，在后续的研究中，需要进一步开展原创性和本土化的理论深入研究，对本土职业院校教师工作生活质量的内涵进行界定，提高研究的理论水平。

（二）测量方法的完善和本土化改造

在研究职业院校教师工作生活质量的评价过程中，我国职教学者主要围绕工作满意度方面展开测量研究。从所采用的量表上看，主要有移植式、改编式和自编式三种类型。❷ 移植式问卷是直接采用国外较为成熟和稳定的测量量表，如史密斯、肯德尔和赫林编制的工作描述指数问卷，以及斯佩科特编制的工作满意度问卷等。改编式问卷是在参考国内外已有测量量表基础上，结合我国职业院校教师实际情况进行改编和修订，然后经过信效度检验，形成问卷，如参考明尼苏达问卷和冯伯麟的《教师工作满意量表》改编形成的问卷❸等。自编式问卷是研究者参考以往相关问卷，对问卷中所涉及的内容进行甄别和筛选，形成自制问卷的初稿，再结合一线相关调查对象的访谈和专家的审阅，完成自制问卷的修改完善，如中职教师工作满意度调查问卷❹，高职教师职业压力量表❺等（见表 2 - 2）。

---

❶ 罗儒国. 教师工作生活质量研究：盘点与反思 [J]. 西北师大学报：社会科学版，2012，49（1）：107 - 112.

❷ 徐英俊. 当代国内外职教教师工作生活质量评价研究综述 [J]. 职教论坛，2014（12）：9 - 12.

❸ 贺光明，姚利民. 高职院校教师工作满意度调查研究 [J]. 煤炭高等教育，2010（4）：80.

❹ 赵玉，刘嘉欣. 广州市中职教师工作满意度调查研究 [J]. 深圳职业技术学院学报，2007（4）：78 - 84.

❺ 黄琼，王会明. 高职教师职业压力量表的编制 [J]. 温州职业技术学院学报，2008（2）：10 - 13.

表 2 - 2　教师工作生活质量调查问卷类型

序号	问卷类型	常见举例
1	移植式	史密斯、肯德尔和赫林编制的工作描述指数问卷
2	改编式	明尼苏达问卷、工作满意度问卷
3	自编式	中职教师工作满意度调查问卷、高职教师职业压力量表

纵观采用移植式、改编式和自编式三类问卷的研究，既有共同点，又有差异性。共同点在于三类问卷研究所采用的量表都使用了李克特的 5 点记分法。从数据处理和分析方法上看，多运用常见的 SPSS 统计软件对数据进行分析处理，采用了描述性统计分析、相关性分析、T 检验、单因素方差分析、多变量方差分析等统计方法。❶ 其不同点在于国外的测量量表较为成熟，信效度较高。改编式和自编式问卷进行的相关信效度检验，尽管也具有高信效度，但该类研究问卷题目差异性较大。研究题目结果之间的共性比较困难。因此开发本土化权威研究工具，有助于提高我国自主研究质量和水平。

（三）　实证研究具有局限性

在职业教育研究领域，我国学者在对教师工作生活质量评价研究理论探索和测量方法改进的基础上，以工作满意度为重点，对职教教师工作生活质量实施了抽样调查研究，力图反映我国职业院校教师工作生活质量的现状。调查发现，我国职业院校教师工作生活质量主要集中在工作压力、生活质量和评价方面。整体而言，由于多数测量量表采用的是改编式或自编式问卷，且问题设计差异较大，所以导致最终的研究成果发表在权威期刊上的文章较少，各个研究成果之间差异较大，可比较性较小。

综上所述，针对职业院校教师开展的工作生活质量研究，一方面，从文章的质来看，在理论研究、测量方法和实证研究等方面均取得了较多的

---

❶　徐英俊. 当代国内外职教教师工作生活质量评价研究综述 [J]. 职教论坛，2014（12）：9 - 12.

研究成果，但其还有较大完善空间，后续还需研究者围绕职业院校教师工作生活质量的评价指标体系展开，科学系统客观分析教师工作生活质量的方方面面，并结合相关激励理论等，提出切实可行的实施方案，提高职教教师的工作满意度，实现工作和生活幸福感的双重提升。另一方面，从文章的量看，学界对幼儿园、普通中小学和高等教育不同学段的教师队伍工作生活质量关注较多，而针对我国职业院校教师队伍的研究关注度较低，研究成果相对较少。结合经济转型升级对职业教育高质量内涵式发展的迫切需求和职业院校教师面临的工作生活实际压力，加强对我国职业院校教师工作生活质量的本土化评价研究，探索形成中国特色的职业院校教师工作生活质量评价标准和理论体系，有利于指导我国职业院校教师队伍建设。

三、职业院校教师研究的未来展望

一直以来，我国政府都高度重视职业教育发展，2019 年的《国家职业教育改革实施方案》将职业教育放在与普通教育同等的地位。2022 年，新修订的《职业教育法》更是以法律形式确认职业教育类型地位。职业教育类型化发展对职业院校教师队伍建设提出更高要求，迫切要求学界加强职业教育教师队伍研究。通过对文献进行梳理分析可以看到，职业院校教师群体研究未来发展方向有以下几个方面的展望。

一是更加多元化的研究视角。未来职业院校教师群体研究将更加重视多元化的研究视角，如社会、经济、文化、心理等方面，从不同角度探究职业院校教师的职业发展、职业幸福感和职业认同感等问题。

二是运用大数据，开展量化实证研究。随着教育信息化发展，教育领域利用现代科技手段进行数据收集越来越便利，未来职业院校教师群体研究将更加注重数据化的研究方法，以科学化、系统化和可视化的呈现形式和模型预测，实现对职业院校教师群体的深入了解。

三是去中心化的研究模式。未来职业院校教师群体研究将越来越多地采用去中心化的研究模式，通过开放式研究与广大职业院校教师群体建立更为密切的联系，获取更加真实、准确的数据和信息。

四是跨界融合的研究思维。未来职业院校教师群体研究将更加倾向于跨界融合的研究思维，将不同学科领域的知识和方法相互结合，以实现对职业院校教师群体全面深入的研究。

五是实践导向的研究理念。未来职业院校教师群体研究将更加注重实践导向的研究理念，将研究成果与职业院校教师的实践活动相结合，推动职业院校教师群体的发展和改革。

第二节　职业院校教师职业倦怠研究文献分析

一、研究方法和过程

运用文献计量研究法，对收集和整理的文献从发文年度、关键字等方面进行定量分析，可以较为客观地反映某一研究领域的基本状况，避免传统文献研究偏重于定性归纳和主观判断的问题。本研究以中国知网平台上的数据为来源，利用篇名进行文献搜集，不限定年限，对搜集的文献再进一步进行人工清理，将非研究性文献和无关文献剔除，最终确定计量研究文献。依据共词分析、聚类分析及数据可视化的基本思路，对确定选取文献中的关键词进行词频分析，并对高频关键词进行聚类分析，找出研究热点间的基本关系，以及不同研究领域在该主题研究中的分量和未来发展趋势。

（一）资料来源

数据来源于中国知网期刊数据库，选择期刊中的专业检索以篇名展开搜索，再通过学科筛选，选中职业教育学科，得到相关文献，进一步剔除与主题不符，剔除会议文集、事件、征稿等与论文主题无关的论文，最终确定有效论文数量。

（二）研究工具

本文采用的研究工具为 Bicomb 共词分析软件和 SPSS 分析软件。研究步骤分为六步。

第一步，将在中国知网平台中选择筛选出的文献，导出格式为 Note-First 的文档；

第二步，在 Bicomb 共词分析软件中建立一个新项目，格式类型选择为 "cnki. xml"；

第三步，将筛选出的文献导入"选择文档"中，进行提取操作；

第四步，对提取的关键词，首先进行人工整理归类；其次将同类的关键词再进行归类，同时删除非研究主题类的关键词；最后进行文献关键词的统计；

第五步，人工设置关键词阈值，导出相应的频次分布 Excel 表和词篇矩阵；

第六步，将词篇矩阵导入 SPSS 软件，进行聚类分析。

（三）高频关键词确定

关键词是一篇文章中主要内容、核心观点和研究方法的高度概括与提炼，对其展开词频统计与分析，可以得到相关的研究热点信息，当某个关键词出现的频率越高时，表明该关键词相关的研究领域越热门。根据孙清兰文章《高频词与低频词的界分及词频估算法》，$D = \sqrt{n}$（D 表示高频词与低频词的临界值，n 表示相异词的总数）[1]，结合研究文献数，确定关键词阈值，得到高频关键词。

（四）高频关键词聚类分析

通过聚类分析，能更好地找到研究热点分布的具体领域。研究采用 SPSS 26.0 对得到的高频关键词相似矩阵展开聚类分析。首先利用 Bi-

---

[1] 孙清兰. 高频词与低频词的界分及词频估算法［J］. 情报科学，1992（2）.

comb 软件"矩阵"中的"词篇矩阵"功能，生成高频关键词词篇矩阵，将生成的词篇矩阵导入 SPSS 26.0 中，运用该软件中的"分析—分类—系统聚类"进行分析，在"统计"窗口中选中"近似值矩阵"，根据具体情况，设定解的范围，在"图"的窗口中选中"谱系图"，在"方法"的窗口中选择"组间联接"和"余弦系数"区间参数，将 Bicomb 生成的"词篇矩阵"转化为共词相似矩阵。通过相似矩阵，发现不同关键词间的共线关系。

相似矩阵中数值的大小可表明数据间的相似程度，即表明两个关键词之间相互联系的紧密程度。当它的数值越接近 1，表明相应的两个关键词之间的相似度越大；数值越接近 0，则表明两个关键词之间的相似度越小；数值为 1，代表高频关键词与自身完全重合。❶

二、文献收集

在中国知网期刊数据库，以"教师职业倦怠"为篇名，文献发表时间截至 2023 年 3 月 30 日，搜索得到相关文献 4485 篇。通过选中"职业教育学科"，得到职业院校教师职业倦怠相关文献 581 篇，阅读检索文献的标题和摘要，剔除与关键词不符，剔除会议文集、事件、征稿等与论文主题无关的文献，最终确定有效论文为 500 篇。

三、文献年度发文分析

筛选的 500 篇针对职业院校教师职业倦怠的文章，最早的一篇发表于 2004 年，随后关于这一主题的研究热度逐年攀升，发文量逐年攀升，在 2015 年达到顶峰。2015 年后，学界对这一主题研究热度开始降低，文章发表量呈现逐年下降趋势。造成这一趋势的原因有两方面，一是 2000—2015

---

❶ 郭文斌，陈秋珠. 特殊教育研究热点知识图谱 [J]. 华东师范大学学报：教育科学版，2012，30（3）：49 – 54.

年，为大力发展我国职业教育，发挥职业教育对社会经济转型的高素质人力资源供给作用，我国出台系列政策促进职业教育高质量发展。职业院校教师作为职业教育高质量发展的最重要保障，也受到政策关注，深化职业院校人事制度改革，加强"双师型"教师队伍建设的政策建议被提出。在政策驱动下，学界掀起职业院校教师研究热潮，这一时期，针对职业院校教师的研究达到近年的一个高峰，学术发表成果量质双升。二是针对教师研究主题的转变，职业倦怠在整个教师群体中均存在，且呈现较为一致的职业发展阶段性特征。此时关于职业院校教师研究更多地转向教师激励研究。因此，学界对职业院校教师职业倦怠研究逐渐减少（见图2-2）。

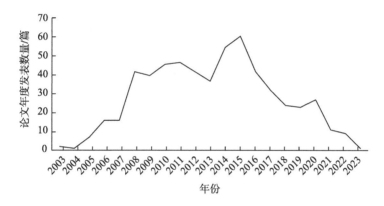

图2-2　职业院校教师职业倦怠研究论文年度发表情况

四、研究结果与分析

（一）关键词确定

对筛选后的500篇文献进行统计分析，共得到1327个关键词。设定关键词高频低频词阈值为3，对关键词进行人工归类替换后，最终确定高频关键词8个（见表2-3）。

表2-3 职业院校教师职业倦怠研究高频关键词

序号	关键字段	出现频次	序号	关键字段	出现频次
1	职业倦怠	194	5	社会支持	5
2	对策研究	42	6	工作满意度	5
3	影响因素	40	7	自我效能感	3
4	倦怠表现	8	8	心理资本	3

（二）高频关键词聚类分析

观察职业院校教师职业倦怠研究高频关键词的相似矩阵可知，高频关键词"教师职业倦怠"与其他关键词的相似度由大到小（取前四位）依次为：对策研究（0.45）、影响因素（0.44）、倦怠表现（0.21）、社会支持（0.16），结果说明学界对职业院校教师职业倦怠研究首先侧重于对策研究，其次侧重于影响因素和倦怠表现，最后侧重于社会支持（见表2-4）。

表2-4 职业院校教师职业倦怠研究高频关键词的相似矩阵

	1. 职业倦怠	2. 对策研究	3. 影响因素	4. 倦怠表现	5. 社会支持	6. 工作满意度	7. 自我效能感	8. 心理资本
1. 职业倦怠	1.00	0.45	0.44	0.21	0.16	0.13	0.13	0.08
2. 对策研究	0.45	1.00	0.59	0.11	0.00	0.00	0.00	0.00
3. 影响因素	0.44	0.59	1.00	0.17	0.00	0.00	0.00	0.00
4. 倦怠表现	0.21	0.11	0.17	1.00	0.00	0.00	0.00	0.00
5. 社会支持	0.16	0.00	0.00	0.00	1.00	0.00	0.00	0.00
6. 工作满意度	0.13	0.00	0.00	0.00	0.00	1.00	0.00	0.52
7. 自我效能感	0.13	0.00	0.00	0.00	0.00	0.00	1.00	0.00
8. 心理资本	0.08	0.00	0.00	0.00	0.00	0.52	0.00	1.00

对高频关键词相似矩阵展开聚类分析，得到职业院校教师职业倦怠研究高频关键词系统聚类谱系图。聚类分析将8个高频关键词分成三大类，表明2005—2023年职业院校教师职业倦怠研究有三个热点领域：职业倦怠的影响因素、对策研究、自我效能感研究（见图2-3）。

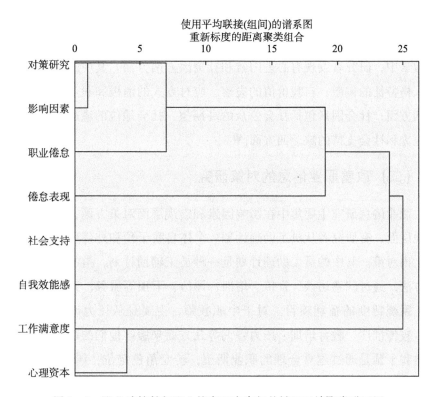

图2-3 职业院校教师职业倦怠研究高频关键词系统聚类谱系图

五、研究热点与领域演变

(一) 职业倦怠影响因素研究

由于中职学校教师和高职院校教师所面对的学生群体、教学标准、教学要求和学校管理方式等存在诸多本质不同，因此，对于职业院校教师工作生活质量的研究，学者更多时候会选择单一的群体展开研究，尤其是调查研究。在对中职教师群体开展的职业倦怠影响因素研究中，发现压力因素、个体因素和环境因素是中职成熟期专业课教师职业倦怠的主要影响因素。在压力因素中，包括工作负荷、学生群体、技术变革、家庭及收入、自我发展、人际关系；在个体因素中，包括低自我效能感、易倦怠人格、不当的应对方式；在环境因素中，包括社会环境和学校环境两方面，社会环境主要是指大家对中职学校教师的认同感，学校环境主要是指教师管理部门以及相关晋升制度设计的公平合理性。[1] 在对高职教师的职业倦怠影响因素中，研究者发现有心理因素和社会因素两方面。其中的心理因素包括人格特征的偏激、自我价值的失落、应对方式的消极和职业认同感的削减四方面；社会因素包括社会公众的高期望、社会地位的尴尬、角色适应的压力和社会支持的缺乏四方面。[2]

（二）改善职业倦怠的对策研究

职业倦怠研究主要集中在影响因素和宏观层面对策方面，在具体实施落地层面，有研究者从员工助理计划、个体自我干预和外部环境干预三方面给出对策。其中的员工助理计划是一种员工辅助计划，指的是使用科学的方法，通过问卷访谈、宣传、培训、评估、干预等服务，为员工提供持久、系统帮助的福利项目。对于中职教师，主要是从压力评估、组织改变、宣传推广、教育培训、压力咨询等几方面来缓解他们的职业倦怠。个体自我干预是通过建立合理的职业期望，转变角色定位，纠正归因偏见，形成积极思维，学会压力管理，提高教学与专业技能水平，提升自我效能感，寻求专业机构帮助来完成。外部环境干预是通过形成积极健康的文化氛围、加强教师的组织支持、搭建教师专业发展平台来展开。[3]

有研究者以某所高职院校的教师为研究对象，以问卷调查的形式，采用文献研究法，利用 Excel 展开数据分析，发现教学工作任务重、科研任务重、晋升门槛高、待遇增长慢是导致该院校教师职业倦怠的原因。随后从激励理论的角度出发，给出相应的对策建议：一是要提升教师的职业自豪感和成就感；二是要发挥考核的激励作用；三是依法治校，倡导对教师的人文关怀；四是美化校园人文环境；五是让教职工享受学院发展的成

---

[1] 李先伟. 中职学校专业课教师职业倦怠的影响因素和对策研究 [D]. 杭州：浙江工业大学，2017.

[2] 赵孟静. 高职教师职业倦怠的影响因素及缓解对策 [J]. 教育与职业，2009 (26)：45–46.

[3] 李先伟. 中职学校专业课教师职业倦怠的影响因素和对策研究 [D]. 杭州：浙江工业大学，2017.

果，以此造就更加优秀的职业教育高素质教师团队。❶

（三）自我效能感研究

越来越多的研究者开始关注职业倦怠与自我效能感之间的关系。自我效能感出自以美国心理学家班杜拉为代表的社会认知理论，是指个体对于自己在特殊情境下获得成功的能力的信念。这一信念强调的并不是人们对其所拥有的能力的评价，而是在不同的情境下人们能做些什么、能做到何种程度。它既是人类积极行为的决定性因素，也是避免消极心理或行为的有力保证。研究者从自我效能感的直接作用和间接作用两方面出发，发现教师自我效能感水平的提高将直接减轻教师职业倦怠的可能性，可以通过消除外部制度性歧视，强化内部归因；建立多元评价体制，加强表征性经验；加强典型宣传，提升替代性经验；切实改革高职人才培养模式，培养积极情感来提高职业院校教师的自我效能感。❷

学界高度关注高职教师的职业倦怠问题，认为其不仅是对教师职业生涯的一种人文关怀，更是一个影响高职教育持续、健康发展乃至社会经济发展的重要现实问题。1981 年 Maslach 等人提出了职业倦怠的三个核心组成部分：情感衰竭、去个性化、低个人成就感。❸ 研究者发现教师的教龄对其职业倦怠中的情感衰竭、去个性化、低个人成就感有显著的影响。具体来说，教师的教龄越长，其情绪衰竭和低成就感程度越重，但去个性化倾向越轻。这就表明，教师的教龄越长，其所承担的教学任务和相关工作相对更多，但他们的体力和精力却相对欠缺，这就使得他们在工作中易于出现情绪衰竭现象，因为缺乏对教学工作的热情，因而教龄越长的教师，

❶ 邓海跃，焦阳，董忠生. 高职院校教师职业倦怠的主要原因及应对策略：以郑州铁路职业技术学院为例［J］. 郑州铁路职业技术学院学报，2015，27（3）：55－58.

❷ 朱艳. 效能感视角下的高职教师职业倦怠成因与对策［J］. 榆林学院学报，2015，25（6）：74－77.

❸ 苏素美. 美国教师的"职业倦怠"之探讨［J］. 教育资料文摘，1995（3）：209－217.

其成就感也越低。❶

有研究者采用问卷调查方式对高职院校教师自我效能感与职业倦怠的特点及关系进行了初步研究，发现高职教师的自我效能感水平较高，职业倦怠程度不明显，自我效能感与职业倦怠中的低个人成就感维度存在显著的负相关。自我效能感理论提出可以通过获得更多的成功经验来提高和改善个人的自我效能感。基于此，研究者提出学校可以组织观摩、培训、进修等活动提高教师的综合水平和工作能力，帮助其获得更多成功的机会。或者提供适宜的工作环境以及通过各种措施降低工作紧张度，促进教师形成积极的情绪，避免焦虑、疲倦等状态，从而形成好的自我效能感，缓解职业倦怠。❷

（四） 研究演变

职业院校教师职业倦怠的领域演变呈现出以下三个特点。

一是研究群体的多样化。在梳理相关文献中发现，职业院校的青年教师、英语教师、专任教师、体育教师和女教师逐渐成为大家研究的重点，大家开始从普适性的职业院校教师转而关注更加具体的单独群体。

二是研究方式的科学化。心理资本成为近几年职业院校教师职业倦怠研究的重点高频词汇，有研究者以心理资本问卷和教师职业倦怠量表为调查工具，对随机抽取的教师进行调查研究。结果显示，高职教师心理资本处于中上水平，有较强的自我效能感；将近50%的高职教师有不同程度的职业倦怠，情绪衰竭和低成就感特征明显，去个性化特征较轻；高职教师职业倦怠与心理资本呈负相关，职业倦怠越严重，心理资本就越贫乏。从以上研究结论中能发现，越来越多的学者开始从心理学和社会学的角度来开展教师职业倦怠研究。

三是研究内容的丰富化。通过高频关键词的分析，能够发现在当前的职业院校教师职业倦怠研究中，职业倦怠成因分析是大家关注的焦点，针

---

❶ 陈阳. 高职教师自我效能与职业倦怠之间的关系 ［J］. 科教导刊：上旬刊，2010 （19）：130 - 131.

❷ 赵宇. 高职教师自我效能感和职业倦怠的特点及相关研究 ［D］. 重庆：西南大学，2009.

对成因，许多研究者从心理资本和社会支持的角度给予解答，并开始逐步关注自我调适对缓解职业倦怠的影响，对此，后续研究应关注个体对职业的认识、对工作失败或不足的正确归因。

经过多年的发展，职业院校教师的社会地位、经济报酬、福利待遇、职称晋升等都得到了显著的提升，但是受当前生源减少、职业院校合并等现实社会环境因素的影响，他们的职业倦怠日益严重，这极大地降低了教师的工作效率。针对职业院校教师职业倦怠研究的热点和领域不断演变和拓展，降低职业院校教师的职业倦怠，提高其职业认可度，进而提高其工作获得感和职业幸福感，是未来职业教育教师政策研究的重要方向。

第三节　职业院校教师工作满意度研究文献分析

一、文献收集

数据源于中国知网期刊数据库，选择期刊中的专业检索以"教师工作满意度"为篇名，共得到相关文献1372篇。再通过学科筛选，选中"职业教育学科"，得到相关文献140篇，进一步剔除与主题关键词不符，剔除会议文集、事件、征稿等论文，最终确定有效论文135篇。

二、文献年度发文分析

职业院校教师工作满意度年度发文统计显示，专门针对职业院校教师进行工作满意度的研究，收集的文献显示最早发表在2005年，显著晚于其他学段教师的研究，显示出职业院校教师研究的滞后性。2002年，教育部发布《关于加强高职（高专）院校师资队伍建设的意见》，提出"建设一支理论基础扎实，又有较强技术应用能力的'双师型'教师队伍"，并且提出"学校在职务晋升和提高工资待遇方面，对具有'双师'素质的教师应予以倾斜"。随后，陆续出台了系列政策文件，如《关于进一步加强职业教育工作的若干意见》和《关于大力发展职业教育的决定》等，持续深化和规范了职业教育教师的发展。2010 年、2011 年国家相继印发《国家中长期教育改革和发展规划纲要（2010—2020 年)》和《关于进一步完善职业教育教师培养培训制度的意见》，相关发文量在 2011 年达到最高峰。国家对职业教育教师队伍建设的关注，直接推动着学界对职业院校教师的研究。

2007—2011 年，职业院校教师工作满意度主题方面的发文数量呈现增长趋势。2012—2017 年，由于缺少国家层面的政策支持，学者对职业院校教师队伍的关注有所减少，发文量呈现缓慢下降趋势。2018 年后，国务院发布《关于全面深化新时代教师队伍建设改革的意见》和《国家职业教育改革实施方案》等一系列政策文件，强调对职业院校教师队伍的建设和扶持，吸引相关学者对职业院校教师队伍持续关注，发文量又出现了一定数量的增长。职业教育作为一种类型教育，其教师队伍与普通教育教师在专业发展和工作模式上有诸多不同，可以预见，针对职业教育教师的专门研究将更为丰富多元（见图 2 - 4）。

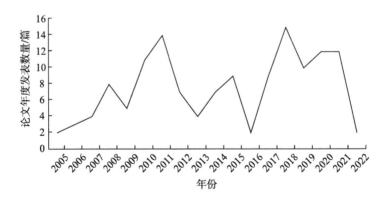

图 2 - 4　职业院校教师工作满意度研究论文年度发表情况

三、文献高频关键词分析

本书对筛选后的135篇文献进行统计分析，共得到507个关键词，根据关键词阈值估算方法，结合文献数量，最终确定高频低频词阈值为3，在剔除、替换相关同义词后，最后得到高频关键词14个（见表2-5）。

表2-5　职业院校教师工作满意度研究高频关键词

序号	关键字段	出现频次	序号	关键字段	出现频次
1	教师工作满意度	148	8	心理契约	6
2	职业倦怠	22	9	激励策略	4
3	影响因素	15	10	组织支持感	4
4	对策研究	15	11	心理资本	4
5	工作现状	9	12	工作压力	3
6	组织承诺	9	13	双因素理论	3
7	教师管理	6	14	激励机制	3

通过职业院校教师工作满意度研究高频关键词的相似矩阵，可以看到高频关键词"教师工作满意度"与其他关键词的相似度由大到小（取前四位）依次为：影响因素（0.319）、对策研究（0.298）、职业倦怠（0.268）、组织承诺（0.247）。这一结果说明职业院校教师工作满意度的研究首先是满意度的影响因素研究；其次是满意度的对策研究，特别是专门关于对职业倦怠与教师工作满意度之间的影响关系研究；组织承诺对教师工作满意度的影响研究，随着统计方法的不断完善，成为新的研究热点（见表2-6）。

将职业院校教师工作满意度研究高频关键词进行系统聚类分析，得到13个高频关键词四大类。可以看出2005—2023年职业院校教师工作满意度研究有四个热点领域：职业院校教师工作满意度影响因素研究、职业院校教师工作满意度现状对策、职业院校组织支持研究和职业院校激励研究（见图2-5）。

表2-6 职业院校教师工作满意度研究高频关键词的相似矩阵

	1. 教师工作满意度	2. 职业倦怠	3. 对策研究	4. 影响因素	5. 组织承诺	6. 工作现状	7. 心理契约	8. 教师管理	9. 激励策略	10. 组织支持感	11. 心理资本	12. 工作压力	13. 激励机制	14. 双因素理论
1. 教师工作满意度	1.000	0.268	0.298	0.319	0.247	0.220	0.168	0.067	0.041	0.165	0.165	0.124	0.143	0.048
2. 职业倦怠	0.268	1.000	0.065	0.000	0.083	0.000	0.102	0.000	0.000	0.250	0.125	0.250	0.000	0.000
3. 对策研究	0.298	0.065	1.000	0.200	0.000	0.258	0.105	0.000	0.000	0.000	0.000	0.000	0.000	0.000
4. 影响因素	0.319	0.000	0.200	1.000	0.086	0.086	0.105	0.000	0.000	0.000	0.000	0.000	0.000	0.000
5. 组织承诺	0.247	0.083	0.000	0.086	1.000	0.000	0.000	0.000	0.000	0.000	0.167	0.000	0.000	0.000
6. 工作现状	0.220	0.000	0.258	0.086	0.000	1.000	0.000	0.000	0.000	0.000	0.000	0.000	0.000	0.000
7. 心理契约	0.168	0.102	0.105	0.105	0.000	0.000	1.000	0.167	0.000	0.000	0.000	0.000	0.000	0.000
8. 教师管理	0.067	0.000	0.000	0.000	0.000	0.000	0.167	1.000	0.000	0.000	0.000	0.000	0.000	0.000
9. 激励策略	0.041	0.000	0.000	0.000	0.000	0.000	0.000	0.000	1.000	0.000	0.000	0.000	0.000	0.577
10. 组织支持感	0.165	0.250	0.000	0.000	0.000	0.000	0.000	0.000	0.000	1.000	0.000	0.000	0.000	0.000
11. 心理资本	0.165	0.125	0.000	0.000	0.167	0.000	0.000	0.000	0.000	0.000	1.000	0.250	0.000	0.000
12. 工作压力	0.124	0.250	0.000	0.000	0.000	0.000	0.000	0.000	0.000	0.000	0.250	1.000	0.000	0.000
13. 激励机制	0.143	0.000	0.000	0.000	0.000	0.000	0.000	0.000	0.000	0.000	0.000	0.000	1.000	0.000
14. 双因素理论	0.048	0.000	0.000	0.000	0.000	0.000	0.000	0.000	0.577	0.000	0.000	0.000	0.000	1.000

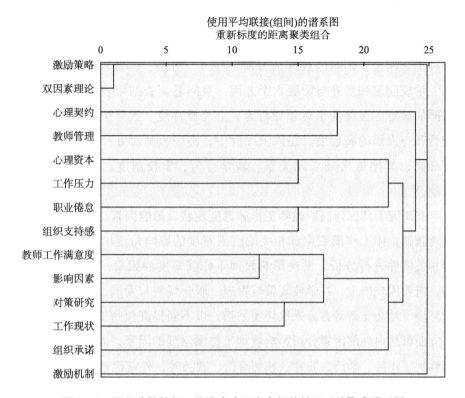

图 2-5　职业院校教师工作满意度研究高频关键词系统聚类谱系图

四、研究热点分析

（一）职业院校教师工作满意度影响因素研究

梳理文献发现，教师工作满意度影响因素是高频词汇之一。国内外相关研究多从单一维度出发探讨教师工作满意度与某一因素之间的关系，有研究者参考国外学者 Spector 编制的工作满意度问卷，❶ 结合国内已有研究，初步提出中职教师工作满意度影响因素八维度，包括激励与管理、薪酬福利、工作环境、工作本身（包括招生）、学生积极性、同事关系、操

---

❶　SPECTOR E. Job Satisfaction, Application, Assessment. Causes, and Consequences ［M］. CA. Sage Publication Inc. , 1997.

作程序和社会认可。❶ 有研究者自编问卷，结合国内其他学段教师群体的问卷，编制高职教师工作满意度问卷，展开信效度验证，研究表明高职教师工作满意度影响因素分别为领导行为、薪酬、办公软环境、人际关系、学校制度和晋升与发展六个方面，且问卷调查结果表明高职教师对薪酬的满意度显著低于对领导行为、办公软环境、人际关系、学校制度和晋升与发展的满意度。在以上维度中，高职教师对办公软环境的满意度最高，其他依次是人际关系、领导行为、学校制度、晋升与发展和薪酬。❷

有研究者从探讨高职教师工作满意度现状、影响因素以及人口统计因素对教师整体工作满意度和相关维度满意度的影响角度出发，借助 SPSS 等相关软件进行分析，发现影响教师工作满意度的因素，一方面是多维的，需要因校施策，在学校政策与管理、职业规划与发展、工作回报、工作环境、社会支持等方面采取切实举措，以不断提高教师工作满意度；另一方面可从内外部因素分析影响教师工作满意度的因素，内部影响因素包括性别、年龄、学历、职称、教师身份、教龄等，外部因素主要包括学校政策与管理、组织氛围、薪酬待遇、培训进修、工作条件、社会支持等，这些因素直接关系到教师的工作热情和积极性。❸

整体来看，职业院校教师工作满意度的研究不够深入、细致，尤其是职业院校教师的针对性研究不够，针对中职或高职院校单一群体展开的研究仍然较少。

（二）职业院校教师工作满意度政策研究

针对职业院校教师工作满意度进行的政策研究，具有研究对象针对性强的特点。如从高职院校办学类型上，分为民办高职和公办高职；从高职

---

❶ 常亚平，侯晓丽，刘艳阳. 中国高校大学生求学满意度测评体系和评价模型研究 ［J］. 高等教育研究，2007（9）：82－87.

❷ 陈晶，侯雪萍. 高职教师工作满意度影响因素研究 ［J］. 无锡职业技术学院学报，2008，7（6）：37－39.

❸ 陈亮. 高职教师工作满意度现状及其影响因素分析 ［J］. 岳阳职业技术学院学报，2019，34（5）：47－50.

的办学水平上,分为"双高"院校和非"双高"院校;从教师群体的针对性上看,分为青年教师和非青年教师。针对民办高职院校教师研究发现,教师工作满意度得分不高,所调查的满意度因子指标均值得分低于均值标准,在对学校管理、工作本身、工作环境、人际关系、薪酬回报、提升与交流下的细分子维度中分析发现,他们对所从事的工作本身、学校的硬件环境、同事及上下属关系、制度规范性、职称评聘渠道等较为满意,但是在薪酬回报、学术氛围与办公设备、学校管理柔性化、培训和进修、学生学习状态等方面不满意。❶ 针对青年教师的研究发现,职业院校的青年教师一是物质需求比较强烈,普遍对奖金津贴等福利待遇、住房和工作生活环境方面的需求比较强烈;二是自我实现和职业发展的精神需求比较突出,对个人职业发展、人文关怀、尊重认可、学习培训与指导、资源共享等方面的需求非常高;❷ 三是在"双高"背景下高职院校青年教师职业发展面临各种问题。青年教师成长的第一关是基本生活关,第二关是科研条件关,第三关是科研平台关,第四关是学术舞台关,第五关是人际关系关,第六关是学术评价关。❸

2019 年,《国家职业教育改革实施方案》首次明确,职业教育是与普通教育具有同等重要地位的教育类型。但是综合梳理相关文献来看,当前社会对职业院校教师的重要性认识不够,在教师群体中,职业院校教师的社会地位与其他学段的教师相比,福利待遇偏低。高等院校对教师主体地位的认识不深,对教师专业能力的关注度不高,对教师考评机制不够完善,针对教师职称评审晋级的政策仍有待优化。从当前职业院校教师队伍建设整体上来看,教师专业发展的内生动力不足,高水平"双师"队伍综合素质有待提升,"双师"素质培养制度不够完善,管理体制不够科学,

❶ 高红琴,黄海燕. 民办高职教师工作满意度现状调查研究 [J]. 教育导刊, 2018 (9):50 – 55.

❷ 秦云芳. "双高"建设背景下高职院校青年教师需求层次和工作满意度现状调查分析 [J]. 柳州职业技术学院学报, 2021, 21 (3): 69 – 73.

❸ 张端鸿. 搭好平台让青年教师更快成长 [N]. 中国教育报, 2020 – 11 – 05 (2).

绩效工资考核制度的导向性有待商榷等。❶

　　为提高职业院校教师工作满意度，有研究者提出从构建公平合理的薪酬体系、完善教师的晋升机制、缓解教师的工作压力和提供教师参与管理的机会四方面来解决。❷ 有研究者在剖析影响高职教师工作满意度的因素后，提出建立高职教师工作满意度评价体系、制定合理的高职教师薪酬体系、加快校园组织文化建设、增强高职教师工作自主性和职业成就感、采用支持性领导风格、建立教师服务中心六大解决手段，以此全方位地提高教师工作满意度。❸ 有研究者从实证研究的角度出发，选取某地区多所高职院校的教师作为研究对象，在比较研究各校教师的工作满意度现状、变化及其关键影响因素后，提出对于国家示范高职院校，一是要提升各职能部门人员的服务意识和工作效率，树立以人为本的服务理念；二是要积极为教师搭建自我发展的平台；三是要注意教师间报酬的公平性。❹

（三）职业院校组织支持研究

　　组织支持感最早由 Eisenberger 和 Huntington 基于社会交换理论提出，是指员工对于组织重视其贡献和关注其福利程度的总体看法。❺ McMillan 将组织支持感分为工具性支持和社会情感支持两个维度。❻ Bhanthumnavin 进一步将组织支持感分为情感支持、信息支持和物质支持三个维度。❼

　　❶　秦云芳. "双高"建设背景下高职院校青年教师需求层次和工作满意度现状调查分析 [J]. 柳州职业技术学院学报，2021，21（3）：69－73.

　　❷　刘婷. 高职教师工作满意度的现状与对策 [J]. 科教文汇：上旬刊，2020（34）：24－25.

　　❸　胡晓霞，王霞. 高职教师工作满意度的现状与对策 [J]. 职业技术教育，2008，29（34）：63－65.

　　❹　张星. 高职教师工作满意度的实证比较研究 [J]. 中国职业技术教育，2011（21）：61－66.

　　❺　EISENBERGER R，HUNTINGTON R. Perceived organizational support [J]. Journal of Applied Psychology，1986，71（3）：500－507.

　　❻　MCMILLAN R. Customer satisfaction and organizational support for service providers [D]. Gainesville：University of Florida，1997.

　　❼　BHANTHUMNAVIN D. Perceived Social Support from Supervisor and Group Members' Psychological and Situational Characteristics as Predictors of Subordinate Performance in Thai Work Units [J]. Human Resource Development Quarterly，2003，14（1）：79－97.

有研究者通过实证调研对组织支持感、职业适应和工作满意度三者的关系进行模型建构和实证验证分析，提出加强对教师工作内容、价值观念和核心利益的组织支持，建立科研和企业实践互促的良性机制，打造教师发展的专业共同体，以期实现高职院校对教师的组织支持。❶

有研究者以问卷调查的形式分析高职院校教师组织支持感、工作满意度与组织公民行为的关系，发现高职院校教师组织支持感对工作满意度有显著积极影响，工作满意度对组织公民行为有显著积极影响，工作满意度完全中介了组织支持感与组织公民行为的关系。有作者提出可以从大力支持教师参与在职进修与培训、构建科学合理的教师职称评审制度和努力为教师提供良好的科研工作条件❷三方面出发，来真正为教师做实事，让他们对组织有更大的认同感和归属感，在提高他们自身能力的同时，为学校的发展添砖加瓦。

（四）职业院校教师激励机制研究

高职院校教师工作满意度是学校师资队伍建设的关键问题。有研究者运用赫茨伯格的双因素理论，分析高职院校教师工作满意度中的保健因素与激励因素，并在此基础上制定出有效提高高职院校教师工作满意度的若干激励策略。

一是物质激励，即基于物质层面的激励措施。物质激励是消除教师不满意感的必要基础。因此，其一，高职院校应通过多种渠道提高办学效益，比如开展产学研合作、社区教育培训等社会服务工作，为提高学校收入、教师薪酬与改善工作条件打下物质基础。其二，在合理范围内，要不断改善教师的工作条件，比如教师办公室和教学设施等。其三，物质激励也隐含着建立科学公平的激励体系的内容，按照亚当斯的公平理论，当教师认为报酬不公平时，就会感到不满意，积极性就会受到挫伤。故要建立

---

❶ 王琪. 高职院校教师组织支持感与工作满意度关系研究：职业适应的中介作用 [J]. 中国高教研究，2018（9）：104－108.

❷ 赵强. 高职院校教师组织支持感、工作满意度与组织公民行为的关系研究 [J]. 重庆高教研究，2014，2（5）：77－82.

基于教师工作绩效的薪酬体系，确保公平分配，在分配机制上，要引入职称、职务、工作性质、工作质量等权重因素。

二是工作激励，即基于工作层面的激励措施。对于高职院校教师而言，工作本身对其的激励在激励体系中占有非常重要的地位。工作满意度的很多影响因素都与工作本身密切相关，如晋升进修、学术氛围、社会评价等，当其得到满足时，员工满意度将大大提高。因此，学校应该给教师提供不断发展的、有挑战性的工作，营造宽松的氛围，给他们一定的自主权，允许他们以自己认为更有效的方式开展工作，使其才能得到最大限度地发挥。

三是管理激励，即基于管理层面的激励措施。领导风格是工作满意度的激励因素，并且该因素对于良好同事关系、学术氛围的塑造等都有重要的影响作用。因此，要提高学校各级领导的管理水平，健全管理体制。同时要体现以人为本的理念，激发教师潜在的积极性与创造性，进而提高教师的工作满意度。❶

第四节　职业院校教师激励研究文献分析

一、文献收集

在中国知网平台，以"教师激励"为篇名进行文献搜索，检索中不限制文献类型、时间，得到3998篇文献；再选择"职业教育学科"，得到659篇相关文献。随后对文献进行进一步清理，剔除人物专访、报纸评论、会议纪要等非研究性文献，最后确定有效论文为500篇。

---

❶ 卢志达，杨彩莲. 双因素理论在高职院校教师激励中的应用［J］. 职业教育研究，2007（2）：63－64.

二、文献年度发文分析

关于职业院校教师激励主题研究的文章，年发表量总体呈现稳中有升的趋势。2010 年和 2015 年，年发表量不断地突破高点。近几年，尤其是针对职业院校"双师型"教师群体，激励主题研究的文章一直保持着稳定的发表数量。反映出"双师型"教师队伍对职业教育高质量内涵式发展的重要保障性。实际上，学界研究热度与我国政策出台的力度基本吻合（见图2–6）。

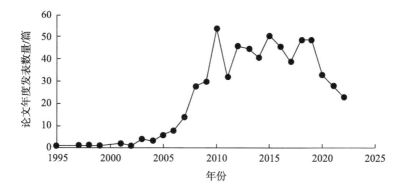

图 2 – 6　职业院校教师激励研究论文年度发表情况

2002 年，《国务院关于大力推进职业教育改革与发展的决定》提出"深化职业学校人事制度改革，在职业学校推行教师全员聘任制和管理人员公开选拔、竞争上岗和职务聘任制度，建立健全激励和约束机制"。职业院校教师激励研究受到学界关注。2004 年，教育部等七部门发布《关于进一步加强职业教育工作的若干意见》，提出"深化职业院校人事制度改革，加强'双师型'教师队伍建设"，"要深化职业院校教职工分配制度改革，把教职工收入与学校发展、所聘岗位以及个人工作绩效挂钩，调动教职工积极性"。2005 年，《国务院关于大力发展职业教育的决定》再次提出"加强'双师型'教师队伍建设"，"深化公办职业学校以人事分配制度改革为重点的内部管理体制改革。……全面推行教职工全员聘用制和岗位管理制度，建立能够吸引人才、稳定人才、合理流动的制度。深化内部收入分配改革，将教职工收入与学校发展、所聘岗位及个人贡献挂钩，调动教职工积极性"。政策不断推动学界关于职业院校教师队伍建设的研究。2008—2010 年，"双师型"教师激励主题研究的文章发表数量呈现快速增长态势。2010 年，文章发表数量达到最高峰。

2020 年以来，职业院校教师激励研究发文数量虽有所下降，但仍保持一定的发文量。系列职业教育领域重大政策出台，让职业院校教师激励研究始终处于研究热点。2022 年 5 月 1 日，新修订的《职业教育法》开始施行，明确职业教育是与普通教育具有同等重要地位的教育类型，明确国家鼓励发展多种层次和形式的职业教育，着力提升职业教育认可度，建立健全职业教育体系，深化产教融合、校企合作，完善职业教育保障制度和措施等。为培养更多高素质劳动者和技术技能人才、打造现代职业教育体系夯实法治基础。2022 年 12 月，中共中央办公厅、国务院办公厅印发《关于深化现代职业教育体系建设改革的意见》提出"依托龙头企业和高水平高等学校建设一批国家级职业教育'双师型'教师培养培训基地，开发职业教育师资培养课程体系，开展定制化、个性化培养培训"。

三、文献高频关键词分析

对筛选后的 500 篇文献进行关键词统计分析，得到 1079 个关键词，最终确定词阈值为 4，再剔除与研究主题无关的关键词，合并同类关键词后，最后得到 10 个高频关键词（见表 2 – 7）。

表 2 – 7 职业院校教师激励研究高频关键词

序号	关键字段	出现频次	序号	关键字段	出现频次
1	激励机制	104	6	激励因素	5
2	激励理论	66	7	激励管理	5
3	激励对策	29	8	心理契约	4
4	教师管理	16	9	师资队伍	4
5	"双师型"教师	14	10	激励体系	4

职业院校教师激励研究高频关键词的相似矩阵显示，高频关键词"激励理论"与其他关键词的相似度由大到小（取前四位）依次为：教师管理（0.277）、激励机制（0.241）、激励管理（0.220）、激励对策（0.206），这一结果说明职业院校教师激励理论研究首先关注教师管理和激励机制，其次是激励管理，最后是激励对策（见表2－8）。

表2－8 职业院校教师激励研究高频关键词的相似矩阵

	1.激励机制	2.激励理论	3.激励对策	4.教师管理	5."双师型"教师	6.激励因素	7.激励管理	8.心理契约	9.师资队伍	10.激励体系
1. 激励机制	1.000	0.241	0.146	0.049	0.210	0.000	0.000	0.098	0.147	0.000
2. 激励理论	0.241	1.000	0.206	0.277	0.099	0.110	0.220	0.000	0.062	0.062
3. 激励对策	0.146	0.206	1.000	0.046	0.000	0.166	0.000	0.000	0.000	0.000
4. 教师管理	0.049	0.277	0.046	1.000	0.067	0.112	0.112	0.000	0.000	0.000
5."双师型"教师	0.210	0.099	0.000	0.067	1.000	0.000	0.000	0.000	0.000	0.000
6. 激励因素	0.000	0.110	0.166	0.112	0.000	1.000	0.000	0.000	0.000	0.000
7. 激励管理	0.000	0.220	0.000	0.112	0.000	0.000	1.000	0.000	0.000	0.000
8. 心理契约	0.098	0.000	0.000	0.000	0.000	0.000	0.000	1.000	0.000	0.250
9. 师资队伍	0.147	0.062	0.000	0.000	0.000	0.000	0.000	0.000	1.000	0.000
10. 激励体系	0.000	0.062	0.000	0.000	0.000	0.000	0.000	0.250	0.000	1.000

对高频关键词进行聚类分析，得到职业院校教师激励研究高频关键词系统聚类谱系图。可以看到，10个高频关键词聚成五大类，表明职业院校教师工作满意度激励研究可以分成五个具体热点领域："双师型"教师激励研究、教师队伍激励研究、激励管理研究、激励机制研究、激励对策研究（见图2－7）。

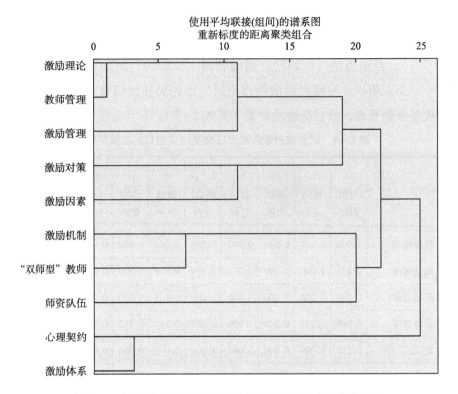

图 2 - 7　职业院校教师激励研究高频关键词系统聚类谱系图

四、研究热点分析

（一）"双师型"教师激励研究

要全面提高职业院校教师质量，首要的是建设一支高素质"双师型"的教师队伍。从政策和实践层面激励教师完成教学任务，提升教育服务质量成为研究重点。针对当前"双师型"激励机制不健全、激励目标欠科学、激励方式较单一、激励力度不足、激励结果缺乏反馈等问题，学界结合相关理论给出了相应的对策。

结合洛克目标设置理论，指出目标本身具有激励作用，能将人的需求转变为动机，自行将行为结果与既定目标进行对照，及时进行自我调整和修正，从而实现自我目标与组织目标。在不同时期采取不同的目标设置，

并分解到个人，将让学院的教师更加清楚自己应该努力的方向。❶

结合赫茨伯格双因素理论，提出高职院校不能过度依赖保健因素的作用，应更关注激励因素，通过设置富有吸引力的培训内容或满足教师成就感等方式来培养"双师型"教师。

结合亚当斯公平理论，要考虑薪酬的绝对值和相对值，高职院校在制定分配制度时，应努力向"双师型"教师群体倾斜，提高"双师型"教师基础工资，保障"双师型"教师在津贴福利、课时折算等方面的优势。❷

结合马斯洛需求层次理论，有研究者构建了由物质激励、制度激励、事业激励和精神激励四方面组成的多维度激励机制。在物质激励中，让教师从事"双师"工作劳有所得、多劳多得；在制度激励中，加大绩效考核、职称评审、干部选拔中"双师"工作评价的权重；在事业激励中，搭建社会交流平台，激发"双师型"教师干事创业的活力；在精神激励中，开展职业规划和荣誉表彰，消除迷茫和倦怠情绪，增进"双师型"教师的认同感与荣誉感。❸

（二）教师队伍激励研究

梳理文献发现，目前我国职业院校教师队伍激励呈现出以职称激励、薪酬激励为主，其他如考核激励、荣誉激励为辅的现状，呈现出激励手段重物质轻精神、考评机制重结果轻过程、缺乏个性化激励的特点，结合马斯洛需求层次理论、赫茨伯格双因素激励理论、亚当斯的公平理论和斯金纳的强化理论，要充分结合物质激励和精神激励，健全考评机制，形成持续性激励，并关注教师发展，强化个性化激励，以期通过加强内外部激励

---

❶ 钱坤. 高职双师型教师激励问题与对策研究 [D]. 武汉：华中科技大学, 2013.

❷ 符家庆, 孙建波. 激励理论指导下的"双师型"教师队伍建设研究 [J]. 职教论坛, 2014（23）：9 – 12.

❸ 白晓东. 基于需求层次理论的高职院校"双师型"教师队伍激励机制研究 [J]. 邢台职业技术学院学报, 2021, 38（2）：41 – 45.

因素的互动，促进教师队伍的良性发展。❶

有研究者从赫茨伯格双因素理论出发，指出高职院校可通过建立人事服务保障机制，发挥保健因素的支撑作用；建立激励调动机制，发挥激励因素的推动作用；建立情感管理机制，发挥情感因素的凝聚作用来构建教师队伍稳定机制，营造引才、爱才、重才、留才的良好氛围，确保教师队伍稳定。❷

有研究者指出，当前高职院校"双师型"教师激励机制面临着薪酬分配不合理、情感激励关注度低、培训效果欠佳、考核评价体系不科学等问题，这极大地影响了教师队伍的发展，基于此，研究者以双因素理论为基础，聚焦保健—激励因素，提出优化薪酬福利分配制度、注重情感激励提升、增强培训实效性、构建多元考核评价体系等激励机制优化策略，以提升"双师型"教师工作的积极性和满意度。❸

（三）激励管理研究

有研究者指出，目前我国中职学校的激励管理体制存在薪酬结构单一、培训体系不健全、情感管理缺失、奖惩不明确等问题，从而导致中职教师产生职业倦怠、工作积极性不高、主动性不强等现象。鉴于此，研究者从激励理论出发，结合本土国情，以儒家激励观视角为切入点，采用案例研究、访谈法和文献研究等方法，形成了以惠使人、以教育人、爱民亲民和赏罚有度的儒家激励管理理念。❹

有研究者以需求层次理论为基础，提出在高职院校教师激励管理中，一是要考虑到教师个体的差异性，了解教师真正的需求；二是要构建符合教师需求的激励管理体系，完善相应的管理制度，在提升教师经济待遇的

---

❶ 尤子腾. 高职院校"双师型"教师队伍的激励机制探析 [J]. 高教论坛，2021（2）：86-89.

❷ 易洁. 高职院校教师队伍稳定机制的构建：基于双因素理论分析 [J]. 教育观察，2023，12（4）：26-28，44.

❸ 邓梓君. 双因素理论视域下高职院校"双师型"教师队伍激励机制优化策略研究 [J]. 教育科学论坛，2021（24）：29-34.

❹ 肖梦楚. 儒家激励观视角下 S 中职教师激励管理研究 [D]. 南昌：江西农业大学，2021.

同时，根据教师其他需求采取相应的激励措施，以保证教师积极地投入本职工作中。❶

（四）激励机制研究

激励机制研究相关的理论基础，有研究者将其分为内容型、过程型及综合型激励理论。其中的内容型激励理论包括马斯洛需求层次理论和双因素理论，该类型的理论强调要充分理解激励因素的重要作用，提供相应的条件来满足员工对成就感、组织归属感等方面的需求，特别是职业生涯需求。过程型激励理论包括弗鲁姆的期望理论、亚当斯的公平理论、目标理论和强化理论。该理论强调要提高对工作行为的激励，促进工作者更努力、积极地投入工作。综合型激励理论综合以上两种理论。❷

有研究者指出激励机制研究中最具影响力的激励理论是马斯洛需求层次论。此后，心理学家克莱·奥尔德弗在马斯洛需求层次理论的基础上，又提出了一种新的人本主义需求理论。奥尔德弗认为，人们存在生存（Existence）、相互关系（Relationship）和成长发展（Grouth）三种核心的需求，即著名的"ERG"理论。与马斯洛需求层次理论的共同点是，"ERG"理论认为较低层次的需求满足之后，会引发更高层次的需求；不同点是，"ERG"理论认为多种需求可以同时作为激励因素相互作用，并且当满足较高层次需求的愿望受挫时，会导致人们向较低层次需求的回归。❸

法国社会学大师布迪厄提出的"场域理论"，认为对置身于一定场域中的行动者产生影响的外在决定因素，并不直接作用在他们身上，而是通过场域的特有形式和力量的特定中间环节，预先经历一次重新形塑的过程，然后才能对他们产生影响。有学者结合该理论的基本内容，对高职院校的场域进行定位和分析，提出从以下四方面构建激励机制，分别是：明

---

❶ 顾卫杰. 需求层次理论下的高职教师激励管理探究 [J]. 教育与职业，2015（5）：96 – 97.

❷ 郑婧. 职业院校教师激励机制的相关理论研究 [J]. 中国多媒体与网络教学学报：中旬刊，2022（10）：161 – 164.

❸ 王彤，丁雷，那一沙. 高职教师激励机制初探 [J]. 中国职业技术教育，2010（18）：64 – 66.

晰高职院校场域边界，培育校园文化环境；改善高职院校行为背景，创建高校内部环境；形成持续激励环境，完善收入分配机制；善用奖励保证福利，构建完整薪酬体系。❶

（五）激励对策研究

2021 年，《关于实施职业院校教师素质提高计划（2021—2025 年）的通知》提出，强化教师到行业企业深入实践，注重提升"双师"素养。梳理文献也发现，在激励对策的研究中，研究者较为关注"双师型"教师群体。有研究者基于自我决定理论，分析其应用于教师企业实践动机研究的适用性，从而构建激励框架。对于宏观环境，从政策文件、财政支持和加大宣传"三维建构"激发教师自主感；对于中观生态，"校企两方协同"满足教师胜任感；对于微观情境，教师要主动地融入，企业员工要积极地接纳，两者"一体发展"，促进形成教师归属感。❷

职业教育高质量发展需要优秀的教师人才，有研究者从人力资本理论的角度出发，切入激励对策研究视角，提出要设计全面科学的教师薪酬制度来满足广大教职工的期望。该研究还发现当前我国高职院校教师薪酬机制存在薪酬水平普遍较低、考核体系不尽科学合理、薪酬支付结构不公平等问题，建议：一是要正确学习和理解与激励有关的科学理论，理论联系实际地制定薪酬激励机制；二是要明确教师薪酬激励机制的目标，实现教师个人价值观与学院价值观的统一；三是构建具有竞争力的薪酬激励机制，激励优秀教师留在院校，调动教师工作积极性，与学校共成长，适应时代发展，避免高职院校转型的失败。❸

❶ 傅红霞. 基于场域理论的高职教师激励机制构建研究 [J]. 职教论坛，2010（10）：59－61.

❷ 刘佳君. 教师企业实践的激励对策研究：基于自我决定理论视角 [J]. 职业教育：下旬刊，2022，21（8）：22－28.

❸ 朱雁. 高职院校教师薪酬激励机制存在的问题与对策研究 [J]. 兰州教育学院学报，2019，35（4）：91－92，95.

五、研究演变

(一) 激励理论转变

从传统激励理论到新型激励理论转变。梳理文献发现，研究者大都以马斯洛的需求层次理论、赫茨伯格的双因素理论、亚当斯的公平理论和斯金纳的强化理论为基础展开研究，从前期对低层次的物质满足，到更加关注人本管理、公平和教师的自身建设，以及关注非物质激励和更复杂的奖励机制，例如绩效考核、个人发展规划、认知激励等，从而激发职业院校教师工作的积极性、主动性，增强责任感。

(二) 研究对象转变

从专任教师到"双师型"教师的转变。2019年3月，教育部、财政部印发《关于实施中国特色高水平高职学校和专业建设计划的意见》提出要以"四有"标准打造数量充足、专兼结合、结构合理的高水平"双师"队伍。2020年9月，教育部等九部门印发《职业教育提质培优行动计划（2020—2023年）》，明确要提升职业院校教师"双师"素质。到2023年，专业教师中"双师型"教师占比超过50%。由此能看到未来将会有越来越多的"双师型"教师激励理论研究。

(三) 研究方法转变

从定性研究到定量研究的转变。梳理文献可以发现国内外对教师激励的研究大多集中在理论探讨，相关的实证研究数量较少。近几年，以问卷调查等形式开展的研究增多，统计分析方法更加多元。学界对定量研究方法的运用，将进一步完善激励理论的实践应用。

(四) 研究视角转变

从研究对象看，更加具有针对性，针对高职、中职学校的不同群体分类开展的研究增多，理论研究指导实践更加具有可操作性。从研究视角看，更加丰富，研究者从激励教师积极参与产教融合校企合作等方面开展研究，不断完善激励机制，研究的系统化更强，从关注单个教师的激励开始关注系统激励，建立高质量的职业院校教师队伍。

总之，职业院校教师激励理论研究的热点与领域演变正不断发展和拓展，越来越多的研究关注教师职业发展与激励的关系，认为激励制度应该与教师专业化发展相结合，既要激发教师的积极性和创造力，也要关注他们的职业成长和长期发展。

第三章　中职教师工作满意度调查研究

深化职业教育改革，创新人才培养模式，提高职业教育人才培养质量是新时代我国职业教育服务社会经济发展的新命题。中等职业教育作为职业教育的生力军，是我国培养一线技术技能人才的主要教育类型。师资力量作为教育质量的先决因素成为国家职业教育改革的焦点。已有的教师改革取得了哪些成效？下一步中职教师队伍建设的重点在哪里？本章旨在全面客观评价中职教师队伍建设的现状，聚焦一线中职教师诉求，把握教师工作状态，对政策实施成效进行检验，为新时代背景下有针对性地改进学校教师管理工作，进一步厘清中职师资队伍建设方向和路径提供政策支持和实践指导。

第一节　调查概述

一、调查问卷与内容

本调查所使用的《中等职业教育满意度调查问卷》是在吸收国内外相关研究成果的基础上通过多轮调研，自行设计开发并修订完善而成的。该问卷分为两个部分：A 部分为中职教师工作满意度调查，B 部分为教师背景信息调查。A 部分是问卷的主体，共包含56 个客观选择题和 1 个开放问题。题项覆盖中等职业教育教师工作满意度测评的四个维度，即教育预

期、政府保障、学校管理和总体满意度。题项设计采用李克特式（Likert）
七点量表（表3–1）。B部分是个人背景信息题，包括教师个体特征、地
域信息、学校信息等，共20道题（问卷详见附录1）。

表3–1　中职教师工作满意度测评指标框架

一级指标	二级指标	观测点	对应题号
教育预期	岗位期望	职业感受	7
	社会期望	社会地位感受	8
	学生期望	工作对象的期望	9
	学校期望	学校发展期望	10
学校管理	工作条件	办公条件、教学条件	19、20、21
	工作环境	校风、领导和教师间的交流、学生交流、工作感受	15、16、17、18
	发展机会	发展机会、学习效果、能力认同	11、12、13、14
	管理服务	课程管理、教师考核、职称晋升、工作量	22、23、24、25、26、27、28
政府保障	社会地位	受到尊重、工资待遇	36、37
	权益保障	向上反映意见渠道、参与学校规章制度机会、工作中的责任	33、34、35
	发展支撑	参加培训机会、培训经费、支持"双师型"教师队伍建设力度	29、30、31、32
总体满意度	社会地位	对中职教师社会地位满意度	1
	工作成就	工作成就感	2
	职业满意	职业满意度	3
	自我满意	自我发展满意度	4
	学生满意	工作对象满意度	5
	学校满意	学校满意度	6

二、调查对象与范围

全国中等职业教育教师工作满意度调查了全国31个省份，共有630所中
职学校参与调查。本次调查涵盖普通中专（含高职中专部）、职业高中（含
职教中心）、成人中专和技工学校四个类别，国家级示范中职学校、省级示

范中职学校、国家级重点中职学校、省级重点中职学校和普通中职学校等五种不同办学水平，以及公办（政府拨款）、民办（不含行业、企业办学）、行业企业办学和其他等四个不同办学主体（见表3-2和表3-3）。

表3-2　样本校抽样分布情况

类　型	类　别	占　比（%）
学校驻地	城市	59.70
	县镇	40.30
办学性质	公办	94.30
	民办	4.60
	行业企业	0.80
	其他	0.40
学校类型	普通中专	44.43
	职业高中	45.29
	成人中专	1.22
	技工学校	9.05
办学水平	国家级示范中职学校	27.45
	省级示范中职学校	19.64
	国家级重点中职学校	22.72
	省级重点中职学校	16.25
	普通中职学校	13.94

表3-3　调查样本的个体特征分布情况

变　量	类　别	频　率	占　比（%）
性别	男	3371	39.20
	女	5236	60.80
民族	汉族	7857	91.30
	少数民族	750	8.70
学历	高中或中专	55	0.60
	大专	337	3.90
	本科	7336	85.20
	硕士研究生	870	10.10
	博士研究生	9	0.10

续表

变 量	类 别	频 率	占 比（%）
编制情况	正式在编	7103	82.50
	合同聘任	1268	14.70
	其他	236	2.70
月收入（单位/元）	2000 元以下	154	1.80
	2001～3000 元	1267	14.70
	3001～4000 元	2527	29.40
	4001～5000 元	2183	25.40
	5000 元以上	2476	28.80

三、调查抽样与实施

课题组为了在控制抽样调查成本的前提下兼顾全国地级市覆盖的广度，根据全国地级区划的人口分布数量，将各地级区划的抽样学校数量限定为 1～3 所。在线问卷的样本选取遵照以下四项原则：一是区域覆盖要有省会城市（中心城区）和地市的学校教师；二是要兼顾公办学校和民办学校的教师；三是要兼顾示范学校和一般学校的教师；四是要兼顾文化课和专业课等任课教师。

本次调查采取网络问卷调查的方式进行。2019 年 5 月 15 日至 7 月 30 日开放调查平台，由各省份的教科院协同抽样，院校组织中职教师登录"全国中职教育满意度调查"网站进行在线问卷填答。课题组最终收集到 31 个省份的 308 个地级行政区的教师问卷，抽样学校达 630 所。课题组共收到网络调查问卷 9637 份，有效问卷数为 8607 份，问卷有效率为 89.31%。

四、调查数据清理

课题组分两步进行数据清理。第一步是删除以下四种情况的无效问卷：（1）数据填报过程中个别重复提交的数据；（2）作答时间在1分钟以内的问卷；（3）作答选项中仅有3个及以下与其他题目不同的问卷；（4）有缺失选项的问卷。第二步是对问卷A部分的开放问题答案进行整理，删除"无""不知道""没有"等不具备分析意义的回答。

五、样本基本信息

从样本所在省份来看，各省份样本比例在0.9%~7.0%，其中河北样本量最大（7.0%），其次为广东（6.10%）和河南（5.70%）。各省有效问卷情况见图3-1。样本在院校层面以及人口特征上的分布情况见表3-2和表3-3。

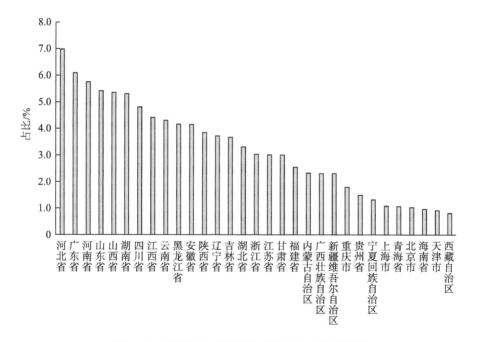

图3-1 全国31个省份的有效样本分布占比情况

从样本所在学校类别的分布来看，职业高中（含职教中心）最多，占比45.29%；其次是普通中专（含高职中专部），占比44.43%。从样本所在学校驻地来看，59.70%的样本所在学校位于城市，40.30%的样本所在

学校位于县镇。从样本所在学校办学水平来看，国家级示范中职学校最多
（27.45%），普通中职学校最少（13.94%）。从样本所在学校办学性质来
看，以公办学校为主，占比 94.30%；其次是民办学校，占比 4.60%；行
业企业办学占比 0.80%。

从样本的性别、民族、学历等个人特征分布来看，中职教师中女性的
数量多于男性，其比例分别为 60.80% 和 39.20%；汉族占 91.30%，少数
民族占 8.70%；高中或中专学历占 0.60%；大专学历占 3.90%；本科学
历占比最高，为 85.20%；硕士研究生学历占 10.10%。从编制上来看，以
正式在编教师为主，占比 82.50%；合同聘任占比 14.70%；其他占比
2.70%。从月收入上来看，28.8% 的教师月收入在 5000 元以上。

六、问卷信度分析

根据 SPSS 软件统计结果，问卷总体及各维度的克朗巴赫系数
（Cronbach's Alpha）如表 3－4 和表 3－5 所示。总的来看，数据总体和每个
潜变量的克朗巴赫系数（Cronbach's Alpha）值均大于 0.7，说明整个调查
问卷具有较高的可靠性（各题信度分析详见附录2）。

表 3－4　数据信度分析结果

克朗巴赫系数 （Cronbach's Alpha）	基于标准化项的克朗巴赫系数 （Cronbach's Alpha）	项数
0.972	0.972	37

表 3－5　潜变量信度分析结果

潜变量	克朗巴赫系数 （Cronbach's Alpha）	基于标准化项的 克朗巴赫系数（Cronbach's Alpha）	项数
教育预期	0.765	0.765	4
学校管理	0.956	0.957	18
政府保障	0.906	0.907	9
总体满意度	0.908	0.909	6

第二节　中职教师工作满意度研究方法

一、模型建构及假设

通过对教师工作满意度已有文献以及国家颁布的中职教师队伍建设相关政策文件的梳理，我们提出影响中职教师工作满意度的三个维度，即教育预期、学校管理和政府保障。依据满意度期望理论，提出如下假设（见图 3 – 2）。

H1：教师的教育预期对教师工作满意度影响显著

H2：学校的管理水平对教师工作满意度影响显著

H3：政府对中职教师权益的保障水平对教师工作满意度影响显著

H4：教育预期通过学校管理对教师工作满意度有显著影响

H5：教育预期通过政府保障对教师工作满意度有显著影响

H6：政府对中职教师权益的保障水平通过学校管理对教师工作满意度影响显著

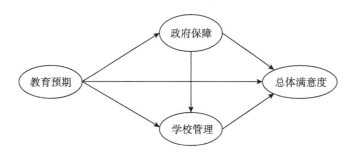

图 3 – 2　中职教师工作满意度的结构方程模型

教育预期是教师依据自身以往经历或其他途径的感知而对未来教师职业的期望。期望理论认为满意度是个人工作的评估达到其预期水平的程度，预期基线对教师工作满意度具有重要影响。因此，本研究首先关注中职教师教育预期这一变量，具体从社会期望、职业期望、学生期望和学校期望四个二级维度进行测量。学校是教师体现工作价值、获取劳动报酬的职业场所，教师的各项工作都受学校组织管理模式的影响，学校治理模式直接影响教师的工作质量和效率，本研究的学校管理主要是指学校对教师工作上软硬件的支持，具体体现在工作条件、工作环境、发展机会和管理服务方面。政府保障一方面是指政府在出台中职教师相关政策后，对政策细化落地所采取的经费和制度支持力度；另一方面是指《教师法》中涉及的教师权益，主要是指教师按时获取工资报酬，对学校教育教学、管理工作和教育行政部门的工作提出意见和建议，参与学校的民主管理等保障力度。分为发展支撑、权益保障和社会地位保障三个方面。

二、模型建立及检验

采用德国汉堡大学 Ringle、Wende 和 Will（2005）开发的 SmartPLS 2.0 软件中的 Bootstrap 方法对模型进行检验。根据该方法计算每个参数的标准误，并利用该标准误计算 T 值，依据 T 值的大小判断系数是否显著不为 0。由 Bootstrap 检验结果可知，各个指标均能较好反映潜变量，在实际运算过程中均纳入 PLS 结构方程模型进行运算（详见附录 3）。利用 SmartPLS 2.0 软件中的 PLS 程序运行中职教师工作满意度得分模型，测量模型为反映型。

模型拟合指数是考察理论结构模型对数据拟合程度的统计指标。不同类别的模型拟合指数可以从模型复杂性、样本大小、相对性与绝对性等方面对理论模型进行度量。SmartPLS 2.0 软件提供了多种模型拟合评价指数。模型拟合评价分析结果显示，克朗巴赫系数（*Cronbach's Alpha*）指标中总体满意度、学校管理和政府保障都大于 0.9；教育预期略低，但也大于 0.7（符合标准），表明结构模型中，潜变量的内部一致性较好。在同样表征一致性的指标组合信度（*CR*）指标中，总体满意度、学校管理和政府保障都在 0.9 以上；教育预期略低，但也大于 0.7（符合标准）。平均抽取变异量（*AVE*）除了总体满意度得分高于 0.7，其他都在 0.7 以下，这个指标表示模型效度一般。总体看来，该模型可以用于对中职教师工作满意度进行测算（见表 3 - 6）。

表 3 - 6　模型质量检验

模型检验	克朗巴赫系数 （Cronbach's Alpha）	组合信度 （CR）	平均抽取 变异量 （AVE）	R^2	Q^2 （ = 1 - SSE/SSO）
学校管理	0.949	0.950	0.576	0.526	0.520
总体满意度	0.917	0.917	0.733	0.833	0.612
政府保障	0.923	0.922	0.599	0.454	0.529
教育预期	0.767	0.764	0.520		0.357
较好的评价标准 （越大越好，最大 值为1）	>0.7	>0.7	>0.5		>0
评价模型的哪些 方面	一致性 （信度）	一致性 （信度）	模型效度	结构模型 效度	模型预测效果

三、建模最终结果

在模型中（见图 3 - 3），总体满意度的 R^2 值为 0.756，即总体满意度的总变异中由教育预期、学校管理和政府保障解释的比例达到了 75.6%，说明该模型对测算中职教师工作满意度具有一定的合理性。

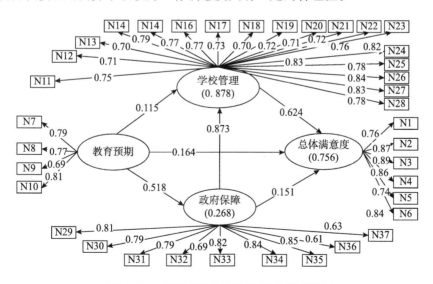

图 3 - 3　中职教师工作满意度 PLS 模型结果

关于 PLS 模型的路径系数显著性和总效应检验结果（见表 3 - 7 和表 3 - 8），除了政府保障→总体满意度的路径系数不显著之外，其他路径系数的检验均为显著，各个路径总效应的检验也均达到显著水平。虽然政府保障→总体满意度的路径系数不显著，但是在模型中的总效应是显著的，这可能是因为政府保障对总体满意度的影响更多的不是直接影响，而是通过学校管理的中介间接产生影响。

表 3 - 7　PLS 模型中的路径系数

路　径	样本值	均值	标准差	标准误	T 值
教育预期→总体满意度	0.164	0.163	0.078	0.078	2.099
学校管理→总体满意度	0.624	0.617	0.171	0.171	3.657
政府保障→总体满意度	0.151	0.158	0.165	0.165	0.915
教育预期→学校管理	0.115	0.109	0.048	0.048	2.377
教育预期→政府保障	0.518	0.528	0.086	0.086	6.002
政府预期→学校管理	0.873	0.875	0.033	0.033	26.260

表 3 - 8　PLS 模型中的总效应结果

路　径	样本值	均值	标准差	标准误	T 值
学校管理→总体满意度	0.624	0.638	0.170	0.170	3.682
政府保障→学校管理	0.873	0.872	0.034	0.034	25.943
政府保障→总体满意度	0.695	0.695	0.068	0.068	10.241
教育预期→学校管理	0.566	0.577	0.072	0.072	7.903
教育预期→总体满意度	0.596	0.602	0.072	0.072	8.284
教育预期→政府保障	0.518	0.530	0.077	0.077	6.761

四、中职教师工作满意度得分测算方法

对中职教师工作满意度得分的测算包括潜变量得分和显变量得分。潜变量得分包括教育预期得分、政府保障得分、学校管理得分和总体满意度得分。教师满意度得分越高，说明教师工作满意程度越高，反之则越低。根据潜变量和显变量得分的测算，中职学校能够更加详尽地、多角度地了解和诊断教育过程的质量，进而找出问题并做出改进。

通过 PLS 模型进行模型预估，得到教师工作满意度和相应的权重之

后，就可以加权计算满意度分值。

本次调查使用下面的公式计算中职教师工作满意度的潜变量、显变量得分：

$$CSSI = \frac{E[\eta] - \text{Min}[\eta]}{\text{Max}[\eta] - \text{Min}[\eta]} \times 100$$

其中 η 为变量教师满意度，$E[\eta]$ 为变量教师满意度期望得分，$\text{Max}[\eta]$ 为教师满意度的最高得分，$\text{Min}[\eta]$ 为教师满意度的最低得分。最低分和最高分的计算公式分别为：

$$\text{Min}[\eta] = \sum_{i=1}^{k} w_i \text{Min}\{y_i\}; \text{Max}[\eta] = \sum_{i=1}^{k} w_i \text{Max}\{y_i\}$$

其中，y_i 是教师满意度的测量指标，w_i 是各个测量指标对应的权重，k 是满意度测量指标的个数。

以总体满意度为例，该方程可简化为：

$$CSSI = \frac{\sum_{i=1}^{3} w_i \overline{y_i} - \sum_{i=1}^{3} w_i}{6 \sum_{i=1}^{3} w_i} \times 100$$

若将潜变量中各显变量的权重进行归一化之后，该方程可进一步简化为：

$$CSSI = \frac{\sum_{i=1}^{3} w_i \overline{y_i} - 1}{6} \times 100$$

第三节　中职教师工作满意度测算

一、全国中职教师教育满意度整体情况

全国中职教师工作总体满意度处于"基本满意"状态，总体满意度得分58.52分。在教育预期、学校管理和政府保障三个方面，学校管理得分最高，为63.84分；其次是政府保障，得分为60.97分；教育预期得分最

低，得分为 55.55 分（见图 3 - 4）。当前需加强宣传，合理引导中职教师的教育预期。

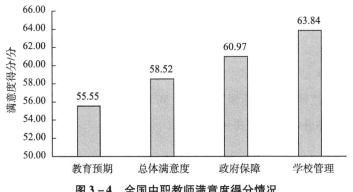

图 3 - 4 全国中职教师满意度得分情况

2019 年教师的总体满意度高于教育预期，总体满意度与期望的差值为 2.97，因此，尽管中职教师对中职教育的总体满意度不高，但依然高于教师的期望值。

与 2016 年相比（见图 3 - 5），政府保障维度得分从 52.31 分提高到 60.97 分，提高幅度很大。该数据表明，近三年来国家对中职教育发展的政策支持以及政策执行力度大，中职教师的满意度明显提高。学校管理维度得分基本保持一致，都在 64.00 分左右。教育预期得分从 2016 年的 58.80 分降至 55.55 分，主要是在 2019 年的调查中，教育预期加入了教师对学生预期的测量，学生预期得分很低，仅为 39 分，严重影响教师的整体期望得分。

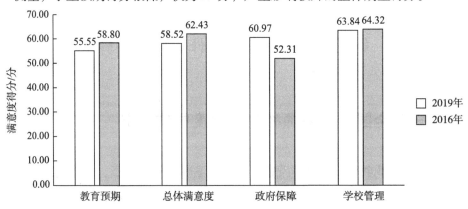

图 3 - 5 2019 年和 2016 年教师满意度得分比较

二、教师最满意和最不满意的方面

按照满意度调查题项得分从高到低排序（见表3－9），得分最高的10个题项分别为教师和学校领导关系、"双师型"教师建设力度、学校校风、学校领导的领导力、学校支持教师参与培训的力度、学校期望、教学设施、表达权和监督权、学校管理制度和学校后勤服务保障。在这些题项中，有6个题项属于学校管理，3个题项属于政府保障，1个题项属于教育预期（见图3－6）。

表3－9　全国中职教育满意度调查题项得分最高和最低排序

题　项	得分	一级维度
H1 您和学校领导相处得融洽吗？	77.60	学校管理
H2 学校在建设"双师型"教师队伍方面力度大吗？	72.31	政府保障
H3 学校的校风怎么样？	71.77	学校管理
H4 您对学校领导的亲和力和人格魅力感到满意吗？	70.19	学校管理
H5 学校对教师参加学习培训的支持力度大吗？	69.75	政府保障
H6 来本校前，您认为这所学校适合您吗？	69.18	教育预期
H7 学校教室及教学设施的配置能满足您的工作需要吗？	67.38	学校管理
H8 教师向上级反映意见和建议的渠道畅通吗？	66.48	政府保障
H9 总的来说，学校现有教学管理制度合理吗？	65.97	学校管理
H10 学校后勤服务保障情况怎么样？	65.51	学校管理
L10 总的来看，您对中职学生在校表现满意吗？	56.78	总体满意度
L9 总的来说，您从工作中获得的成就感如何？	55.46	总体满意度
L8 您参加各级各类教育科研实验、教育课题机会多吗？	52.48	政府保障
L7 您参与研发课程、开发教材等科研实践活动的机会多吗？	50.82	学校管理
L6 您任教期间，到行业企业学习培训的机会多吗？	48.51	学校管理
L5 您认为与普通高中教师相比，中职教师的职称晋升机会多吗？	48.32	政府保障
L4 入职前，您认为中职教师地位怎么样？	45.87	教育预期
L3 总的来看，您认为中职教师的社会地位怎么样？	42.65	总体满意度
L2 与普通高中教师相比，您的工资待遇怎么样？	41.07	政府保障
L1 接触中职学生之前，您认为中职学生的学习能力怎么样？	39.00	教育预期

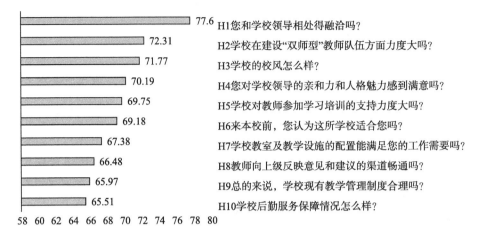

图3-6 教师满意度最高的十个题项得分情况

满意度调查得分最低的10个题项分别为学生期望、工资待遇、社会地位满意度、社会地位期望、晋升机会、去企业行业学习培训机会、科研实践、科研研究、工作成就感和对工作对象满意度（见表3-9）。在这10个题项中，有3个题项属于总体满意度，2个题项属于学校管理，3个题项属于政府保障，另有2个题项属于教育预期（见图3-7）。

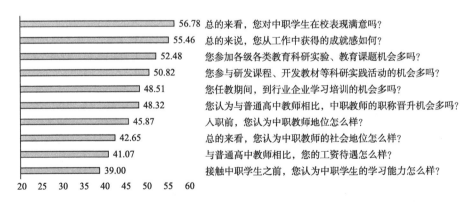

图3-7 教师最不满意的十个题项得分情况

总的来看，教师最满意的方面主要涉及学校整体氛围以及教师队伍建设工作等，而最不满意的方面则集中在工资待遇、社会地位、晋升机会、发展机会等。

三、中职教师工作满意度调查的重要性矩阵分析

满意度矩阵，是以各指标对总体满意度的重要程度为纵坐标（测度项变量的重要程度为交叉负荷系数），以对这些因素的满意度评价（得分）为横坐标，两者的均值为交叉点的矩阵图（见图3-8）。优势区为高满意度、高重要性，落入优势区的因素对提升满意度得分起重要作用；亟须改进区为重要性高但满意度低，落入该区域的因素是快速提升总体满意度应优先解决的方面；次需改进区为重要性低且满意度也低，落入该区域的因素是教师不满意但关注也低的方面；保持区为重要性低但满意度高，落入该区域的因素是工作已经做得较好，当前不需再大量投入精力的方面。通过重要性矩阵分析可以了解影响满意度的各个因素的性质。

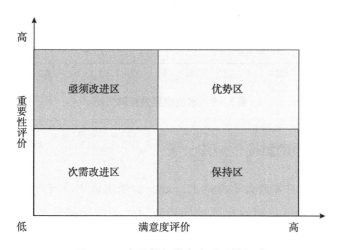

图3-8 中职教师满意度重要性矩阵

（一）维度的重要性矩阵分析

从模型效应值上看（见表3-10），政府保障对教育总体满意度的影响最大，其次是学校管理，最后是教育预期。从重要性矩阵上看（见图3-9），政府保障落入优势区，说明政府保障中职学校发展做得相对较好，对提高教师总体满意度分值贡献较大；教育预期维度落入次需改进

区，说明教育预期对总体满意度有一定的影响，但并不是最重要的因素；学校管理维度落入保持区，说明中职学校在学校管理方面做得很好，但对于提高总体满意度而言，这并不是最亟须改进的方面。

表 3 - 10　中职教师满意度模型潜变量效应值

潜变量	学校管理	总体满意度	政府保障	教育预期
学校管理	—	0.624	—	—
政府保障	0.873	0.695	—	—
教育预期	0.566	0.596	0.518	—

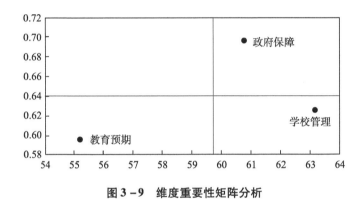

图 3 - 9　维度重要性矩阵分析

（二）题项的重要性矩阵分析

在维度重要性矩阵分析基础上，进一步使用该矩阵对每一个题项进行分析。题项满意度重要性矩阵的四个象限以各题项得分平均值（70.84）和题项重要性指标平均值（0.68）来划分（见图 3 - 10）。其中，优势区和保持区反映了中职教育的成绩和优势，亟须改进区和次需改进区则反映了中职教育需要改善和提高的方面。

共有 13 个题项落入优势区（见表 3 - 11），其中学校管理维度下的题项最多，有 7 个，分别是工作中才能的发挥、学校校风、合理的教师考核制度、学校的教师培训制度、学校现有的管理制度、学校领导的公平对待等；政府保障维度的题项有 3 个，分别为学校安全责任压力、向上级反映意见和建议的渠道畅通、向上级反映意见和建议能够获得及时的反馈；教育总体满意度维度的题项有 3 个，分别是对职业满意、自我满意和学校满意。

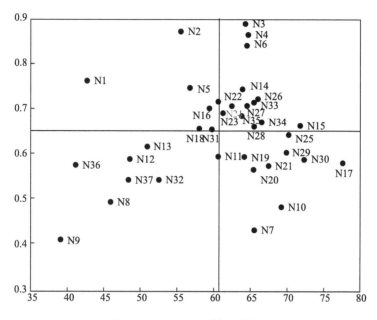

图 3-10　题项重要性矩阵分析

表 3-11　落在优势区的题项

一级维度	题　　项
学校管理	在工作中，您的才能得到充分发挥了吗？
	学校的校风怎么样？
	学校对教师的考核评价制度合理吗？
	总体来说，学校的教师培训制度合理吗？
	总的来说，学校现有教学管理制度合理吗？
	学校领导对每位老师能够做到公平对待吗？
	学校后勤服务保障情况怎么样？
政府保障	工作中，学生安全责任给您造成很大压力吗？
	教师向上级反映意见和建议的渠道畅通吗？
	教师向上级反映意见和建议后，能够获得及时的反馈吗？
总体满意度	总的来看，您对中职教师这份职业感到满意吗？
	总的来看，您对自己在学校的发展满意吗？
	您愿意推荐亲友到这所学校做教师吗？

上述题项都对教师总体满意度的影响较大，同时中职学校在这些题项所涉及的方面发展比较好。因此，管理者需要继续加强和提高这些方面的工作水平，从而保持和发挥优势。

有8个题项落入保持区（见表3－12），其中学校管理维度的题项有5个，在工作环境、工作条件和管理服务三个方面均有涉及，具体包括与学校领导相处、教师办公环境、实习实训场地、教学设施和领导亲和力方面；政府保障维度的题项有2个，涉及发展保障，具体包括教师培训和"双师型"教师队伍建设两方面；教育预期维度的题项有1个，即入职前的岗位期望。

表3－12　落在保持区的题项

一级维度	题项
学校管理	您和学校领导相处得融洽吗？
	学校给老师提供的办公环境怎么样？
	学校的实习实训场地及设备能满足您的教学需求
	学校教室及教学设施的配置能满足您的工作需要
	您对学校领导的亲和力和人格魅力感到满意吗？
政府保障	学校对教师参加学习培训的支持力度大吗？
	学校在建设"双师型"教师队伍方面力度大吗？
教育预期	入职前，您认为自己适合当中职教师吗？

上述题项都对教师总体满意度的影响较小，并且中职学校在这些方面的表现也比较好，是目前中职教师满意度较高的方面。在这些方面，管理者需要加强和保持已经取得的成绩。

共有7个题项落入亟须改进区（见表3－13），其中学校管理维度的题项有3个，涉及工作环境和管理服务两个维度；政府保障维度的题项有1个，涉及发展支撑方面；总体满意度维度的题项有3个，在社会地位、工作成就和学生满意三个方面有涉及。

这些题项都对教师总体满意度具有重要影响，但是中职学校在这些方面的表现还有很大的提升空间，管理者应当通过优先改进这些方面的工作来提升中职教育质量，从而提高教师对中职教育的满意度。

表3-13　落在亟须改进区的题项

一级维度	题　项
总体满意度	总的来看，您认为中职教师的社会地位怎么样？
	总的来说，您从工作中获得的成就感如何？
	总的来看，您对中职学生在校表现满意吗？
政府保障	学校为专业课教师对接行业企业的支持力度大吗？
学校管理	学生的学风怎么样？
	您对学生家长的家校配合情况满意吗？
	您认为自己的工作得到了恰当的认可吗？

落入次需改进区的共有8个题项（见表3-14），其中教育预期维度的2个题项社会期望和学生期望，落入次需改进区，说明教师入职前，就对中职教师的社会地位不太认可，对学生的学习能力存有疑虑，选择中职教师是一种妥协；学校管理维度的题项有3个，全部是关于教师职业发展机会的，具体包括学习培训机会、企业学习实践机会和科研实践机会；政府保障维度的题项有3个，主要涉及社会地位和发展支撑两个方面，具体包括工资待遇、晋升机会和教育科研实验、教育课题机会。

表3-14　落在次需改进区的题项

一级维度	题　项
教育预期	入职前，您认为中职教师地位怎么样？
	接触中职学生之前，您认为中职学生的学习能力怎么样？
学校管理	学校为教师提供的学习培训机会多吗？
	您任教期间，到行业企业学习培训的机会多吗？
	您参与研发课程、开发教材等科研实践活动的机会多吗？
政府保障	您参加各级各类教育科研实验、教育课题机会多吗？
	与普通高中教师相比，您的工资待遇怎么样？
	您认为与普通高中教师相比，中职教师的职称晋升机会多吗？

这些题项对教师总体满意度的影响都要低于落入亟须改进区的题项，但是中职学校在这些方面的表现也有很大的提升空间。管理者改善落入亟须改进区方面的工作后，可以对次需改进的上述方面进行改进和优化，尤其是涉及教育过程的方方面面，应努力使之进入保持区。

第四节 中职教师亚群体的差异分析

一、学校差异视角下的中职教师亚群体工作满意度比较

（一）城市学校教师的教育预期得分显著高于县镇教师

本次调查在样本抽取时兼顾中职学校所在的地理位置以及当地经济发展水平，将学校驻地类型分为城市和县镇。一般而言，由于财政投入相对充足，人才聚集相对较强，位于城市的中职学校的师资力量和整体办学水平会好于县镇学校。在本次调查中，学校所在地为城市的教师占比59.70%，县镇教师占比40.30%。城市和县镇教师的工作总体满意度得分分别为58.34分和58.60分；教育预期得分分别为55.89分和54.27分；学校管理得分分别为62.99分和63.47分；政府保障得分分别为60.46分和61.21分。

方差分析结果显示，城市和县镇两地的中职教师在教育预期方面存在不同程度的显著差异（$P < 0.001$），其他三个维度没有显著的统计差异（见表3-15）。

表3-15 不同所在地中职学校在四个维度上的得分情况

维度	学校所在地	得分	F 值	显著性
总体满意度	城市	58.34	0.363	0.547
	县镇	58.60		
教育预期	城市	55.89	19.815	0.000
	县镇	54.27		
学校管理	城市	62.99	1.662	0.197
	县镇	63.47		
政府保障	城市	60.46	3.865	0.049
	县镇	61.21		

（二）技工学校的教师工作满意度更高

技工学校在四种办学类型中，各个维度的得分都是最高，其中教育预期和总体满意度均显著高于其他类型的学校，得分别为 57.91 分和 60.92 分（见表 3 - 16）。

表 3 - 16　不同性质中职学校在四个维度上的得分情况　　　　单位：分

办学类型	占比（%）	总体满意度	教育预期	学校管理	政府保障
普通中专（含高职中专部）	44.4	58.64	56.22	63.37	60.94
职业高中（含职教中心）	45.3	58.51	54.29	63.27	60.92
成人中专	1.2	60.16	57.40	63.94	62.27
技工学校	9.1	60.92	57.91	64.68	62.43

（三）国家级示范中职学校教师满意度得分普遍较高

国家级示范中职学校教师在总体满意度、学校管理和政府保障三个维度上得分都最高，分别为 58.61 分、63.28 分和 61.05 分；国家级重点中职学校在三个维度上得分都最低，分别为 57.61 分，62.19 分和 59.75 分（见表 3 - 17）。

表 3 - 17　不同办学水平中职学校在四维度上的得分情况　　　　单位：分

学校办学水平	占比（%）	总体满意度	教育预期	学校管理	政府保障
国家级示范中职学校	27.45	58.61	55.15	63.28	61.05
省级示范中职学校	19.64	58.39	55.32	63.04	60.48
国家级重点中职学校	22.72	57.61	54.68	62.19	59.75
省级重点中职学校	16.25	57.91	55.04	62.78	60.38
普通中职学校	13.94	58.26	54.80	63.17	60.82

（四）中职学校举办者类型属于其他的教师满意度最高

本次问卷调查中，中职教师所属学校以公办学校为主，所占比例高达 92%；其次是民办学校占比 5%，行业企业办学占比 2.1%，其他类型举办者占比 0.8%。

从满意度结果来看，其他类型举办者的学校教师在总体满意度、学校管理、政府保障和教育预期四个方面的得分都最高，公办学校的教师在四个方面的满意度都最低。方差分析结果显示，不同的办学主体（公办、民办及行业企业等）在总体满意度、教育预期、学校管理和政府保障方面的得分存在显著差异（见表 3 – 18）。

表 3 – 18　不同学校举办者中职学校在四个维度上的得分情况　　单位：分

学校性质	占比（%）	总体满意度	教育预期	学校管理	政府保障
公办（政府拨款）	92.0	58.03	54.86	62.81	60.45
民办（不含行业、企业办学）	5.0	63.63	60.21	67.66	64.36
行业、企业办学	2.1	62.11	57.91	66.86	63.95
其他	0.8	64.90	61.52	68.51	65.41

二、个体差异视角下的中职教师亚群体工作满意度比较

（一）女性教师的满意度高于男性教师

本次调查数据显示，我国中职教师女性占大多数，占比 60.8%，男性占比 39.2%。女性教师在四个维度上的满意度得分均高于男性教师，尤其是总体满意度得分（约 59.08 分）显著高于男性教师（约 57.46 分），而教育预期维度的得分差异较小（见图 3 – 11）。

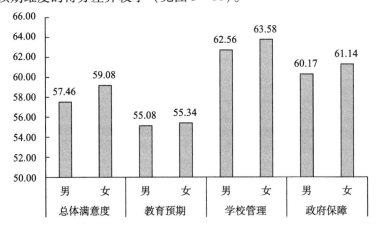

图 3 – 11　不同性别教师的满意度得分情况

（二）教师学历越高，总体满意度越低

不同学历教师的工作满意度具有显著差异。在总体满意度方面，学历越高的教师满意度越低，博士研究生教师的总体满意度得分仅为 54.47 分，而高中或中专学历教师的总体满意度得分为 67.76 分，具有较大差异（见图 3-12）。

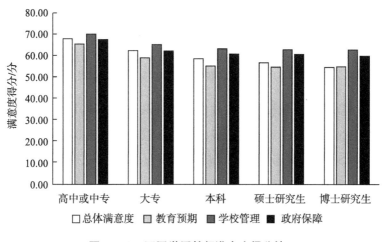

图 3-12 不同学历教师满意度得分情况

（三）正高级职称教师满意度显著高于其他职称教师

本次调查数据显示，中级职称教师比例最高，占 38.58%；其次是助理级职称，比占 22.32%；副高级职称占比 20.61%，未评职称的比例为 17.57%，正高级职称教师人数最少，占比 0.92%。从有职称的教师情况来看，正高级职称或正高级教师的满意度显著高于其他职称教师，副高级职称或高级教师（原中学高级）的满意度最低（见图 3-13）。

（四）41~45 岁和 46~50 岁两个年龄段的教师满意度最低

在本次调查中，教师年龄占比最高的两个年龄段是 36~40 岁以及 31~35 岁，分别占比 20.41% 和 19.72%，表明目前中职教师以中青年教师为主体，对学校发展而言较为有利。

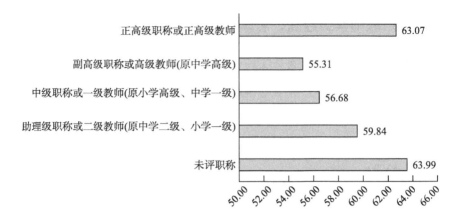

图 3-13　不同职称教师总体满意度得分情况

从总体满意度、学校管理、政府保障和教育预期四个方面的教师工作满意度得分情况来看，不同年龄段教师的满意度，呈现 U 形趋势，即 41～45 岁、46～50 岁两个年龄段的教师满意度得分最低，且不同年龄段教师的总体满意度具有显著差异（见图 3-14）。

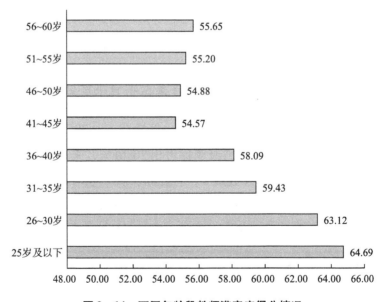

图 3-14　不同年龄段教师满意度得分情况

（五）教龄越长，教师满意度越低

在本次调查中，20 年以上和 6～10 年教龄的教师占比最大。总体来看，六个不同教龄段的教师在总体满意度、学校管理、政府保障和教育预期四个维度的满意度得分具有显著差异，随着教龄的增加，得分呈现出明显的下降趋势，教师职业倦怠感明显（见图 3-15）。

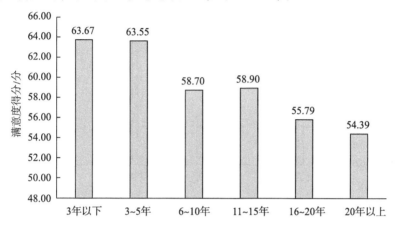

图 3-15　不同教龄教师满意度得分情况

（六）实习指导课教师满意度最高

在本次调查中，专业课教师占比 56.72%，其次是文化课教师占比 34.74%，实习指导课的教师人数占比 2.74%，其他类型教师占比 5.80%。

实习指导课教师的满意度得分在总体满意度、教育预期、学校管理和政府保障四个方面都是最高，其次是专业课教师，最低的是其他任课教师（见表 3-19）。

表 3-19　不同任教科目教师在四个维度上的得分情况　　　　单位：分

现任教的科目类型	占比（%）	总体满意度	教育预期	学校管理	政府保障
文化课	34.74	57.15	53.20	62.54	60.64
专业课	56.72	59.16	56.19	63.67	60.93
实习指导课	2.74	60.99	59.49	65.19	62.51
其他	5.80	58.05	56.06	61.28	58.99

（七）持有高级技师职业资格证书的教师满意度更高

在本次调查中，关于教师获取职业资格等级情况，初级技能占比 12.27%；中级技能占比最高，为 24.34%；其次是高级技能占比为 22.31%；技师和高级技师占比分别为 8.91% 和 5.37%，没有获得职业资格的教师比例 26.80%。高级技师在四个维度上的满意度都高于其他职业资格证书持有者（见图 3-16）。

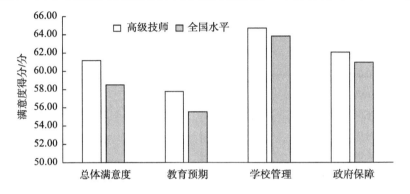

图 3-16　拥有不同职业资格证书等级教师满意度得分情况

（八）学校毕业后直接留校任教的教师满意度最低

从不同入职来源情况看，学校毕业后直接留校任教的教师比例最高，为 64.81%，这与近年来我国教师招聘以应届毕业生为主的现象比较一致。从满意度情况看，学校毕业后直接留校任教的教师满意度在四个维度上都是最低的（见图 3-17）。

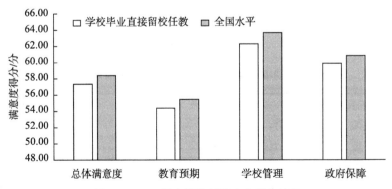

图 3-17　不同来源教师满意度得分情况

（九）合同聘用的教师满意度更高

在本次调查中，正式在编教师人数占比为82.5%，合同聘任教师占比14.7%，其他编制类型教师占比2.7%。合同聘任教师、其他编制类型教师和正式在编教师的满意度得分呈阶梯下降的趋势。正式在编教师在教师总体人数中占比最高，但是在总体满意度、教育预期、学校管理和政府保障四个维度上，正式在编教师的满意度都是最低的，合同聘用教师的满意度最高，其他编制类型教师满意度居中（见图3-18）。

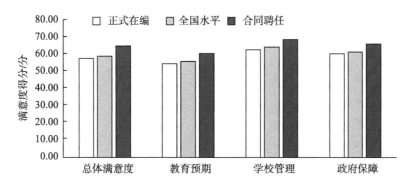

图3-18　不同编制教师满意度得分情况

（十）月收入5000元以上的教师总体满意度更高

教师月收入在3001~4000元的人数占比最高，2000元以下占比最低。月收入5000元以上的教师在总体满意度和政府保障两个维度上得分最高（见表3-20）。

表3-20　不同月收入教师在四个维度上的得分情况

月收入/元	占比/%	总体满意度/分	教育预期/分	学校管理/分	政府保障/分
2000元以下	1.80	58.74	57.65	63.36	59.46
2001~3000元	14.7	59.36	57.01	64.35	61.35
3001~4000元	29.4	57.65	54.88	62.64	60.22
4001~5000元	25.4	57.40	54.30	62.23	59.59
5000元以上	28.8	59.70	55.37	63.97	62.12

(十一) 中职学校专业教师队伍建设力度加大

从教师任教科目结构来看，专业课教师占比最大，为 56.7%；其次是文化课教师，占比 34.7%；其他类型教师占比 5.8%；实习指导课教师占比 2.7%。从总体满意度上看，实习指导课教师的总体满意度最高，得分 60.99 分；其次是专业课教师，得分为 59.16 分；文化课教师的总体满意度最低，得分为 57.15 分（见图 3-19）。

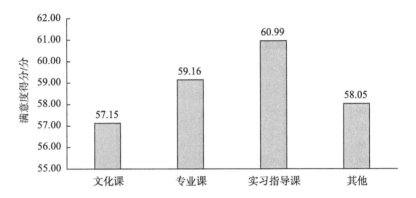

图 3-19　不同任教科目教师总体满意度得分情况

对教师年龄段和不同任教科目进行交叉分析，发现中职学校注重文化课教师和专业课教师的结构调整。整体而言，在越小的年龄段，专业课教师的比例越高，在 56~60 岁年龄段，文化课教师比例略高于专业课教师比例，表明中职学校近年来在调整教师专业结构上力度加大（见图 3-20）。

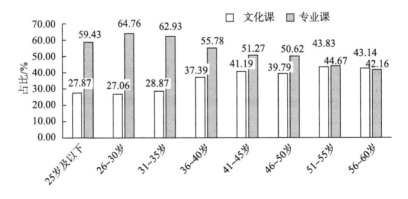

图 3-20　教师队伍结构调整情况占比

第五节　成绩、不足与建议

　　全国中等职业教育教师工作满意度可以概括为"基本满意"，教师工作总体满意度得分为 58.52 分。在教育预期、学校管理和政府保障三个方面，学校管理得分最高，为 63.84 分；其次是政府保障，得分为 60.97 分；教育预期得分最低，为 55.55 分。与 2016 年调查结果相比，中职教师工作满意度略有下降，下降值为 3.91。整体来看，教师最满意的方面主要涉及学校整体氛围以及教师队伍建设工作，而最不满意的方面则集中在工资待遇、社会地位、晋升机会和发展机会等方面。

一、主要成绩

（一）政府保障力度强，教师满意度提升大

　　近年来，尤其是党的十八大以来，为应对产业转型升级和经济结构调整对技术技能人才的迫切需求，国家将职业教育放在教育改革创新和经济社会发展的突出位置，密集出台一系列有关职业教育的政策文件，保障职业教育又快又好的发展。为畅通中职教师发展通道，2019 年，人力资源社会保障部、教育部专门出台《关于深化中等职业学校教师职称制度改革的指导意见》，提出"根据职业教育教师的岗位类型和岗位特征，区别制定各类教师的评价标准，实行分类评价"。这一体现职业教育特色的职称评审制度被认为是中职教师最大的政策红利。调查显示，政府近年来颁布的一系列政策显著增大了中职教育发展的保障力度，教师在政府保障维度的满意度提升幅度最大，得分从 52.31 分提高到 60.97 分。

（二）基础设施较完善，教师工作条件有保障

　　与普通教育相比，职业学校在办学模式和人才培养等方面因其自身

"实践性"特征而对实习实训场地和设备等基础设施要求较高，高水平的设施设备是发展高质量职业教育的重要保障。本次调查数据显示，教师工作条件维度下的 3 个题项都落入保持区，得分为 64.00 分以上，都高于总体满意度得分，与 2016 年第一轮全国中职教师满意度调查结果一致。这充分说明我国中职教育基础设施建设较为完善，教师的办公条件和教学条件得到较大改善，能够保证教师的工作条件。

（三）示范校建设有成效，教师满意度更高

中职示范校建设项目启动于 2010 年，中央财政重点支持 1000 所中职学校改革创新，形成一批代表国家职业教育办学水平的中职学校，提升学校办学的规范化、信息化和现代化水平，使其在中职教育改革发展中发挥引领、骨干和辐射作用。本次调查显示，项目建设起到了预期效果，示范校教师工作满意度显著高于非示范校，与 2016 年调查结果一致。

（四）学校管理水平被认可，校级管理制度较合理

中职教师的教育预期、政府保障和学校管理的得分分别是 55.55 分、60.97 分和 63.84 分，其中学校管理得分最高，与上一轮调查结果一致（2016 年调查三个维度得分分别为 58.8 分、52.31 分和 64.32 分）。职业教育是一个开放系统，管理工作面广层多。政府高度重视对职业院校的规范管理和监督指导：针对职业院校校长培训和校长专业标准等发布一系列文件；2015 年，教育部出台《职业院校管理水平提升行动计划（2015—2018年）》，落实国家职教战略精神，推进依法治校，提升职业院校治理能力。在政策宣传和引导下，职业院校管理的规范化、精细化和科学化水平不断提升。学校在教师评价、培训和管理方面形成富有效率、更加开放的教师工作机制，教师满意度较高。

（五）师资建设突出职教特色，素质结构明显改善

为改变长期以来我国职业教育存在的师资结构不合理、教师专业实践教学能力不足的问题，政府高度重视职教教师队伍建设工作，着力打造高

素质"双师型"教师队伍。在国家政策的宣传和指导下,地方和学校层面都大力支持"双师型"教师队伍建设,增加专业课教师比例。本次调查发现,61.8%的教师认为学校建设"双师型"队伍的力度非常大。通过交叉分析发现,中职学校注重文化课教师和专业课教师的结构调整,整体呈现出年龄段越低,专业课教师占比越高的特点。中职学校在调整文化课和专业课教师结构上力度较大,重视专业课教师队伍建设。

(六)校园软环境建设稳中有升,校风评价高

校风是一所学校软环境建设的核心内容,集中体现一所学校的办学理念、办学宗旨和办学特色,是学校生存和发展的精神支柱。校风潜移默化地影响着师生员工的思想观念、价值取向和行为规范,是学校的精神和灵魂。培养良好的校风是学校各项工作的出发点和归宿点。2010 年,教育部、人力资源社会保障部印发《关于加强中等职业学校校园文化建设的意见》,全面加强中职学校校风、教风和学风建设。在政策引导下,各地方中职学校重视校风建设,取得了较好的成效。从两次调查结果来看,教师对校风的评价一直处于优势区,并且对校风的满意度得分从 69.90 分提高到 71.77 分。

(七)教师满意度群体差异显著

不同特征的教师群体对中职教育的满意度有所不同:教师学历越高、教龄越长,满意度越低;副高职称的教师满意度低于其他教师;具有高级技师职业资格的教师满意度最高,而且教师满意度与职业资格等级水平呈线性正相关关系,即职业资格等级越高,教师满意度越高。

(八)经济发展水平影响教师满意度

经济基础是教育发展的重要基石,中职学校的发展质量在很大程度上受到区域经济发展水平的影响,教师对中职教育的满意程度也会受到地方经济发展水平的影响。本次调查发现,人均 GDP 最高省份的教师工作满意度最高,其次是中等收入省份和低收入省份,高低两组总体满意度得分差

3.84 分。此外，在教育预期、政府保障和学校管理三个维度，高收入省份的得分同样也都是最高的，整体呈现出经济发展水平越高，学校管理越规范，政府保障的力度越大，教师满意度越高的趋势。

二、主要不足

（一）中职教师社会地位感知依然偏低，提高工资待遇愿望强烈

政府高度重视教师队伍建设，着力提升教师地位待遇。2018 年，中共中央、国务院出台的《关于全面深化新时代教师队伍建设改革的意见》提出"明确教师的特别重要地位……提升教师的政治地位、社会地位、职业地位，吸引和稳定优秀人才从教"，"确保中小学教师平均工资收入水平不低于或高于当地公务员平均工资收入水平"。但本次调查发现，政策意见细化落地与中职教师群体的预期仍有距离，中职教师群体对其社会地位的感知依然偏低。调查和访谈发现有以下几个原因：一是中职教师，尤其是班主任，工作琐碎繁杂，工作时间长。58.8% 的中职教师在校工作时间超过 8 小时，相当多的时间都是在管理学生和处理事务性工作，59.10% 的中职教师认为"用于学生管理或是事务性工作的时间远大于专业教学科研的工作时间"，同时，班主任在校工作超过 8 小时的比例（66.70%）显著高于非班主任的教师群体比例（39.80%）。二是中职教师工作价值的家长认可度较低。与中职教师全身心投入学生日常行为习惯管理工作形成对比，中职学生家长对孩子在校表现的关注度较低，教师在时间和情感上的投入没有得到有效的积极反馈。50% 的教师对中职学生家长在家校育人的合作上表现不满意。三是参与高质量培训和科学研究项目的机会较少，缺乏专业发展良好环境，也导致中职教师职称晋升上竞争优势不明显，职业发展受限。四是中职教师待遇较低，60% 的教师认为其待遇低于普通教师且差距较大，甚至部分地区的教师反映其福利待遇仅为普通高中教师的 2/3。

（二）教师对教育对象的期望过低，工作成就感不高

在学生预期维度上，教师满意度得分仅 39.00 分，是所有调查题项中

分值最低的。中职学生在学习习惯、行为习惯和自我管理等方面表现出的实际水平与教师的理想水平之间存在较大差距。随着我国义务教育基本普及、高等教育进入大众化阶段和职业教育的大发展，中等职业学校生源发生很大变化，农村家庭、低收入家庭和单亲家庭学生变多。家庭经济支持不足，缺乏父母关爱，中职学生学风变差。同时，当前中职教师招聘"校—校"入职模式的教师比例过高，部分接受学术教育的教师由于受自身求学经验和经历的影响，这部分教师"重智轻技"，双重原因叠加，导致教师对学生学风的满意度较低，得分仅为 59.35 分。过低的学生期望必将对教师完善自身素质的愿望和工作积极性产生负面影响。与较低的教学对象满意度相呼应，中职教师工作成就感较低（55.46 分），教书育人的乐趣不足。实际上，当前中职教师队伍整体建设不容乐观，局部地区中青年骨干教师流失现象严重。❶

（三）教师个体成长机会较少，职业教育教师培养培训体系不完善

中职教师参加培训的机会较少、质量不高，"平时授课任务重，假期招生任务重"，参训时间难以协调的现象在一线普通教师中较为突出。实地调研中发现，当前教师培训仍存在供需错位问题，一是培训内容专业性不强，不够具体和实用；二是培训内容重复性高，专业数量较少，曾有地方出现"因为提供培训课程的专业有限，有的学科老师参加过四次培训，有的学科老师一次参训机会都没有"的情况。同时，中职教师参与研发课程、开发教材，教育科研实验和教育课题的机会偏少（50.82 分），教师专业化发展受限。教师参与企业实践的途径和机会较少（48.51 分）。其原因主要是企业主动进行校企合作的意愿较低，而且企业以追求经济利益为最大目的，认为教师进入企业实践会影响其正常生产，因此不愿意接受教师实践。同时也反映出当前中职学校的校企合作仍处于低质量、浅层次的状态。

---

❶ 李勋华，杨亚丽. 中等职业学校教师职业吸引力影响因素实证分析 [J]. 职业技术教育，2017，38（20）：59 - 62.

（四） 教师职业倦怠感明显，教龄越长满意度越低

职业倦怠是个体的生理、心理、心智衰竭的负面状态，是个人工作期待逐渐破灭的过程。[1] 其典型症状是工作满意度低、工作热情和兴趣的丧失以及情感的疏离和冷漠。[2] 课题组访谈发现，由于中职学生基础知识薄弱，学习积极性不高，缺乏良好习惯，部分教师长期面对这些学生，付出大量精力，但难以改变学生的学习状况，工作的乐趣和成就感不足，逐渐失去对工作的热情，产生明显的职业倦怠感。

三、政策建议

（一） 转变教师人才观念，建立以学生为本、因材施教、让每个人都"出彩"的教育理念

职业教育要发展成一种类型教育，就要充分尊重职业教育学生群体的智能结构，围绕这一群体的心智特点，完善教材编制，进行教学设计，创新管理方式等，形成具有职教特色的教育教学体系。中职教师要改变传统的教师工作职责即传授知识体系为主的观念，将对中职学生的工作重心放在树立正确的人生价值观、规范行为习惯和培育良好的学习习惯等方面。

（二） 构建突出职业教育特色的师资培养培训体系

由职业教育类型特色突出的高校承担实施国家级和省级中职教师在职培训项目，吸收具有代表性的行业企业参与本领域专业教师培训内容的设计。充分考虑纵向上的培训体系建设，对处于不同生涯发展阶段的教师要有不同的培训内容设计。学校要高度重视教师培训，珍惜获得的培训机

---

❶ 王大胜. 基于社会支持的职业倦怠研究 ［D］. 武汉：武汉大学，2011.

❷ BYRNE B M. The Maslach Burout Inventory：Testing for Factorial Validity and Invariance Across Elementary Intermediate and secondary Teachers ［J］. Journal of Occupational and Organizational Psychology，1993，66（3）：197–212.

会，克服师资紧张现状，统筹安排教师工作，兼顾不同年龄、不同发展阶段教师的参训机会，增加教师参与培训和企业实践的机会。落实好教育部等四部门印发《深化新时代职业教育"双师型"教师队伍建设改革实施方案》、教育部办公厅发布《关于做好职业教育"双师型"教师认定工作的通知》等一系列政策，利用好校企合作的"双师型"教师培养培训基地和国家级企业实践基地，持续推进教师下企业实践和全员轮训制度。

（三）完善中职教师职业生涯发展的激励机制，推动中职教师职业专业化，提高教师工作积极性

相关部门结合职业院校教师素质提高计划，利用好教学名师、专业带头人，青年骨干教师等高层次人才队伍建设的机遇，促进教师整个职业生涯的发展和个体的成长。推动教师立足行业企业，开展科学研究，服务企业技术升级和产品研发，加大教师科技成果转化奖励，从整体上全方位地推动中职教师职业专业化，自觉提升其职业使命感和责任感，提高其工作积极性。

（四）讲好中职教师故事，发挥职称评审的人才评价"指挥棒"作用，树立职教教师群体的价值自信

实证表明，教育预期对中职教师的工作总体满意度具有显著的正向影响。营造正面的社会舆论氛围，形成"劳动光荣，人人皆可成才"的职业教育发展环境，有助于中职教师形成合理的职业预期，并对其在实际工作中的职业体验产生重要正向作用。加强对中职教师群体的正面媒体宣传，讲好中职教师故事，让其感受到来自社会的价值回应和认可，提高其工作成就感。同时，要落实好《关于深化中等职业学校教师职称制度改革的指导意见》，职称评审充分体现中等职业学校教师职业特点，注重教育教学工作实绩，注重实践教学和技术技能人才培养实绩，发挥职称评审对中职教师工作价值观念的引领导向作用，树立职教教师的价值自信。

第四章　不同职业发展阶段教师满意度影响因素实证研究

　　运用全国中等职业教育满意度调查数据，对不同职业发展阶段的中职教师满意度影响因素进行实证分析。结果显示，影响不同职业发展阶段中职教师的满意度既有共性因素又有阶段性因素，不同职业发展阶段教师诉求显著不同，职称越高，教师对体现职业教育类型特色化发展的能力，如教师入企实践等方面要求越高，对学校组织支持的要求越高。共性因素上，职业期望、福利待遇和考核评价对整个中职教师群体的影响都较大。为此，要针对不同发展阶段教师，采取更加精细化的管理，满足不同发展阶段教师的专业发展诉求。

第一节　职业发展阶段理论基础与测量方法

　　当前我国经济正进入产业结构调整的大周期，人才驱动增长成为经济发展新常态。职业教育作为高质量技术技能型人力资源供给的教育类型，是我国经济高质量发展的重要支撑。教师作为教育活动的主体之一，是履行教育职责，培养人才最重要的践行者。高质量的职业教育关键是要有一支高质量的职业教育队伍。激发教师需要动机，满足不同职业发展阶段教师需求，让教师保持高昂的情绪和持续的积极态度，促进教师持续发展，对建设高质量的教师队伍具有重要实践意义。

一、职业发展阶段性理论

教师职业成长是一个不断发展的阶段性历程，有学者根据教师职业发展阶段理论，把高校教师的职业发展分为六个阶段：适应阶段、调整阶段、成熟阶段、停滞阶段、更新阶段、退出阶段。[1] 针对职业院校教师，有学者将职教教师职业生涯发展划分为适应期、熟练期、探索期、成熟期、专家期五个阶段，认为处于不同职业发展阶段的职教教师，其专业发展特点和需求不同，遇到的瓶颈也不同，因此需要对教师开展分类培训，助力其专业发展。[2] 将教师的职业成长和发展过程分为几个不同特征的职业阶段，并强调教师职业生涯的特点会随着时间的推移而发生一定的变化[3]。也有专家提出，职业教育教师职业发展的阶段表征是"迷茫—歧变—困顿—蜕变"[4]，应该说，学者专家和学校的管理者们对教师职业发展中所显示出的阶段性特征达成了共识。满足不同职业发展阶段教师的职业诉求，有助于提高教师工作质量，提高教师的专业态度和专业能力。

专业技术职称是教师专业发展能力的重要体现，职称晋升体现出教师专业发展水平的提升，同时职称晋升也是教师增加工资收入，提高福利的主要渠道。本章以职称作为教师职业发展的分阶段标准，研究职业院校教师不同职业成长阶段的职业诉求，旨在促进相关部门采取针对性的治理措施，强化教师的职业使命感和认同感，提高中职教师满意度。

---

❶ 李春阁，张艳芳. 高校教师激励策略研究：以职业发展阶段理论为视角 [J]. 教育理论与实践，2010，30（30）：49 – 51.

❷ 庄西真. 从教学中来 到教学中去：基于职业生涯发展阶段的职教教师"精准细"培训模式 [J]. 中国职业技术教育，2022（17）：36 – 42.

❸ 杨秀玉. 教师发展阶段论综述 [J]. 外国教育研究，1999（6）：36 – 41.

❹ 丁翠娟. 职业教育教师生涯发展的价值、表征及路向选择 [J]. 教育与职业，2022（17）：68 – 73.

二、测量与方法

（一）数据说明

全国中等职业教育满意度调查由中国教育科学研究院依托自建的全国教育调研联盟组织实施。对覆盖全国 31 个省份、308 个地级市的 630 所中职学校的教师开展在线调查。共回收问卷 9637 份，其中有效问卷 8607 份，有效率 89.31%。中职教师工作满意度问卷充分借鉴国内外满意度测评理论和评价指标体系，自制问卷，采用李克特式七点量表进行测量（详见附录 1）。

（二）探索性因子分析

依据已有文献资料和满意度影响因素理论，选择 25 个问项数据，通过探索性因子分析，选取公因子作为满意度的影响因素分析维度。经过方差最大旋转法和主成分提取法，选取职业期望、工作条件、人际关系、专业发展、学校管理和权益保障六个因子作为潜变量，所有变量因子载荷均大于 0.5。检验显示，未评职称、助理级职称、中级职称、副高级职称和正高级职称教师群体的 *KMO* 度量值分别为 0.964，0.959，0.958，0.953 和 0.916，巴特利特（Bartlett）球形检验显示在 0.001 水平上显著，说明此数据适合做因子分析。未评职称、助理级职称、中级职称、副高级职称和正高级职称的教师群体六个公因子对原始变量方差累计贡献率为 73.528%、72.071%、71.340%、70.338%、82.338%，均超过 70% 的较高解释程度，依据对载荷矩阵分析，对确定六个满意度影响因素的维度进行命名。

第一公因子为职业期望，该因子在职业地位期望、职业自身期望、学校期望和工作对象期望上均具有较大因子载荷。该因子可以反映教师在入职前对中职教师的职业、所在学校以及教学对象的期望。该因子的克朗巴赫系数（*Cronbach's Alpha*）估计为 0.765，在未评职称、助理级职称、中级职称、副高级职称和正高级职称教师群体的克朗巴赫系数（*Cronbach's*

Alpha）估计在 0.751~0.852 之间。

第二公因子为工作条件，该因子在教师办公环境、实习实训设施配备以及教学设施配置上具有较大载荷，主要是测量学校提供给教师的教学工作硬件条件状况。该因子的克朗巴赫系数（*Cronbach's Alpha*）估计为 0.877，在未评职称、助理级职称、中级职称、副高级职称和正高级职称教师群体的克朗巴赫系数（*Cronbach's Alpha*）估计在 0.855~0.913 之间。

第三公因子为人际关系，该因子主要测量教师工作中与上级领导、平级同事和教学对象之间的人际关系融洽度，具体题项为"您和学校领导相处得融洽吗？""总的来说您和同事相处得融洽吗？""总的来说您和学生相处得融洽吗？"该因子的克朗巴赫系数（*Cronbach's Alpha*）估计为 0.833，在未评职称、助理级职称、中级职称、副高级职称和正高级职称的教师群体的克朗巴赫系数（*Cronbach's Alpha*）估计在 0.736~0.839 之间。

第四个公因子为专业发展，该因子在教师学习培训机会、学习培训支持力度、"双师型"教师队伍建设、教师入企实践机会等上有较大载荷。主要测量学校对教师专业发展的支持力度。该因子的克朗巴赫系数（*Cronbach's Alpha*）估计为 0.833，在未评职称、助理级职称、中级职称、副高级职称和正高级职称教师群体的克朗巴赫系数（*Cronbach's ALPHA*）估计在 0.871~0.907 之间。

第五个公因子为学校管理，该因子在考核评价、教学管理制度、公平制度、后勤服务保障等题项上载荷均超过 0.75，反映出学校管理方面制度的合理程度。该因子的克朗巴赫系数（*Cronbach's Alpha*）估计为 0.931，在未评职称、助理级职称、中级职称、副高级职称和正高级职称教师群体的克朗巴赫系数（*Cronbach's Alpha*）估计在 0.928~0.950 之间。

第六个公因子为权益保障，该因子在收入待遇、职称晋升、民主渠道等题项上具有较大载荷，反映出政府对中职教师民主权益和待遇保障的情况。该因子的克朗巴赫系数（*Cronbach's Alpha*）估计为 0.810，在未评职称、助理级职称、中级职称、副高级职称和正高级职称教师群体的克朗巴赫系数（*Cronbach's Alpha*）估计在 0.785~0.874 之间。

第二节 分职业发展阶段教师满意度影响因素分析

一、不同职业发展阶段教师工作满意度与一级影响因素分析

（一）描述性分析

对每个维度下的题项得分先取平均数，然后转化为百分制，得到总体满意度指数以及六个总体满意度影响因素的指数。结果表明，未评职称、助理级职称、中级职称、副高级职称和正高级职称的教师群体总体满意度指数均较低，且呈现"U"形变化趋势，副高级职称教师满意度最低（55.21 分），比满意度最高的未评职称教师群体低近9 分，职称组内群体差异显著（$F = 56.46$，$P < 0.001$）[1]。进一步分析发现，职称与影响总体满意度的六个因素，均呈现出"U"形变化趋势。中级职称教师在权益保障维度感知最低（52.81 分），其余的五个因素，副高职称教师在所有职称群体里的感知都是最低的。

整个教师群体职业期望方面的感知都较低（均低于60 分），未评职称最高为59.31 分，副高级职称最低为52.49 分，不同职称教师差异显著（$F = 45$，$P < 0.001$）（见图4 - 1）。另外，教师在权益保障方面感知也较低，高级职称最高为59.92 分，中级职称最低为52.81 分，不同职称教师差异显著（$F = 42.84$，$P < 0.001$）。人际关系指数得分最高，不同职称教师群体的差异较小。未评职称、助理级职称、中级职称、副高级职称和正高级职称教师群体的人际关系在79.28 ~ 83.35 分之间。不同职称群体间在学校管理方面感知差异最大，随着职称晋升，教师对学校管理的期望提高。

---

[1] 因为潜变量构成不同和数据计算方法不同，所以本章数据与第三章中数据会有不同。

图4-1　不同职称教师的总体满意度与职业期望指数

（二）影响因素的计量分析

以教师工作总体满意度为因变量，六个满意度影响因素职业期望、工作条件、人际关系、专业发展、学校管理和权益保障为自变量，加入教师的性别、月收入以及所在学校的办学水平和性质等背景信息作为控制变量，进行回归分析，即建立以下计量模型：

$$Y_{ij} = \beta_0 + \beta X + \gamma Z + \varepsilon_{ij}$$

其中，Y_{ij}表示因变量，X表示六个自变量，Z表示教师的性别、月收入等个体背景特征，ε_{ij}表示随机误差。多元回归分析结果见表4-1。可以看到，六个满意度影响因素对教师工作总体满意度均具有显著影响（$P < 0.001$），回归分析可调整 R^2 为71.4%，解释力较高。其中，学校管理、权益保障和职业期望是对教师工作满意度影响最大的三个因素，系数分别为0.375，0.279 和0.185；工作条件对教师工作满意度影响最小，系数仅为0.028。分析结果得到组织支持理论印证，学校管理和权益保障因素都属于组织支持环境，依据组织支持理论，员工对组织的薪酬管理制度和管理方式的公平会影响他们的工作满意度。❶

---

❶　LEE C. Prosocial organizational behaviors Theroles of work place justice achievement striving and pay satisfaction ［J］. Journal of Business and Psychology, 1995, 10 （2）: 197 -206.

表4-1 教师工作满意度回归分析

因变量：工作总体满意度	标准系数	T值	P值
职业期望	0.185	26.305	0.000
工作条件	0.028	3.244	0.001
人际关系	0.050	6.495	0.000
专业发展	0.061	6.124	0.000
学校管理	0.375	32.487	0.000
权益保障	0.279	26.728	0.000
常量	—	-5.734	0.000

分不同职业发展阶段的多元回归分析结果见表4-2。未评职称、助理级职称、中级职称、副高级职称和正高级职称教师群体的回归分析可调整 R^2 分别为0.746，0.712，0.701，0.680和0.780，模型对因变量变化的解释力比较高。同时可以看到，六个自变量在不同职业发展阶段的教师群体的影响程度存在差别，职业期望、专业发展、学校管理和权益保障四个因素对未评职称教师工作满意度均具有显著正向影响（$P < 0.001$），而工作条件和人际关系因素均没有显著影响；工作条件因素对助理级职称教师的工作满意度没有显著影响，其他因素均具有显著的正向影响；学校管理、权益保障和职业期望对不同职业发展阶段的教师工作满意度都是最重要的因素，学校管理因素效应最大，其次是权益保障因素，职业期望是仅次于学校管理和权益保障的第三大因素。

表4-2 一级维度影响因素分析

一级维度	未评职称	助理级职称	中级职称	副高级职称	正高级职称
职业期望	0.192*	0.189*	0.189*	0.159*	0.284*
工作条件	0.007	0.025	0.026*	0.059*	-0.240*
人际关系	0.005	0.053*	0.047*	0.087*	0.196*
专业发展	0.110*	0.039*	0.050*	0.072*	-0.238*
学校管理	0.377*	0.383*	0.388*	0.341*	0.515*
权益保障	0.281*	0.288*	0.278*	0.268*	0.464*
调整 R^2	0.746	0.712	0.701	0.680	0.780

注：*表示在0.05的水平下统计检验显著。

二、不同职业发展阶段教师工作满意度二级影响因素的分析

不同职业发展阶段教师总体工作满意度二级维度影响因素分析结果见表4－3。未评职称、助理级职称、中级职称、副高级职称和正高级职称教师群体的回归分析可调整 R^2 值为0.760，0.722，0.719，0.695和0.849，与上一个模型比较，解释力都增加了。影响不同职业发展阶段教师工作满意度的二级因素呈现出较大不同，从二级维度的影响程度上看，对所有教师均具有显著影响的是地位期望、学生关系、教学管理、后勤服务保障和收入待遇五个二级维度；对非高级职称教师均具有显著影响的是职业期望、学校期望、考核评价效果、公平氛围和职称晋升五个二级维度；对三个职业阶段教师均具有显著影响的是入企实践、教学管理效果和民主渠道。从不同职业阶段教师对二级因素的敏感度上看，副高级职称教师群体的敏感度最高，有16个二级维度对其有显著影响；其次是中级职称教师群体，为16个；未评职称和助理级职称教师群体，均为13个；对高级职称教师有显著影响，仅有7个。职称晋升中，越高级别的职称，晋升难度越大，初级职称比较容易就能评上，但是继续晋升中、高级职称，对教师的科研能力要求越高，难度就越大，竞争越强，教师对环境和组织的支持度越敏感。从回归系数来看，收入待遇是对非高级职称教师工作满意度影响最大的因素，收入待遇每提高一个单位，未评职称、助理级职称、中级职称、副高级职称教师群体的工作满意度分别提高0.162，0.159，0.177，0.182个单位。且收入待遇对副高级职称教师的影响程度大于未评、助理级和中级职称教师，基本呈现职称越高，越看重收入待遇的趋势。而对高级职称教师而言，教学管理是影响其工作满意度最大的因素，系数为0.503。

表 4 – 3　二级维度影响因素分析

一级维度	二级维度	未评职称	助理级职称	中级职称	副高级职称	高级职称
职业期望	地位期望	0.074 *	0.054 *	0.065 *	0.068 *	0.152 *
	职业期望	0.063 *	0.097 *	0.052 *	0.052 *	0.078
	学校期望	0.060 *	0.034 *	0.081 *	0.052 *	− 0.001
	教学对象期望	0.000	0.047 *	0.023 *	− 0.009	− 0.001
工作条件	工作条件	− 0.006	0.009	0.016	0.072 *	− 0.145
	实习实训设备	− 0.008	0.013	0.020	− 0.010	0.014
	教学场地设备	0.028	0.015	− 0.005	0.017	− 0.140
人际关系	领导沟通	− 0.009	− 0.014	0.014	0.051 *	− 0.037
	同事关系	− 0.044 *	− 0.009	− 0.013	− 0.018	0.168 *
	学生关系	0.091 *	0.096 *	0.087 *	0.095 *	0.154 *
专业发展	学校培训机会	0.008	0.016	0.027 *	− 0.014	0.134
	学习培训支持	0.034	0.019	− 0.032 *	0.019	− 0.198
	"双师型" 教师队伍建设机会	0.008	0.007	0.023	− 0.014	− 0.139
	入企实践	0.060 *	0.007	0.043 *	0.076 *	0.091
	"双师型" 教师队伍建设效果	0.032 *	− 0.011	0.012	0.017	− 0.120
学校管理	考核评价	0.002	− 0.006	− 0.001	0.050 *	− 0.353 *
	考核评价效果	0.098 *	0.107 *	0.067 *	0.052 *	0.076
	教学管理	0.100 *	0.104 *	0.124 *	0.071 *	0.503 *
	教学管理效果	0.069	0.100 *	0.090 *	0.097 *	0.135
	公平氛围	0.158 *	0.111 *	0.119 *	0.061 *	0.056
	后勤服务保障	0.045 *	0.077 *	0.097 *	0.101 *	0.357 *
权益保障	民主渠道	0.027	0.061 *	0.038 *	0.059 *	0.144
	民主实效	0.029	0.040	− 0.001	0.019	0.069
	收入待遇	0.162 *	0.159 *	0.177 *	0.182 *	0.248 *
	职称晋升	0.101 *	0.085 *	0.106 *	0.071 *	− 0.057
	调整 R^2	0.760	0.722	0.719	0.695	0.849

注：* 表示在 0.05 的水平下统计检验显著。

三、不同职业发展阶段的教师需求差异性分析

教师满意度情况可以从两个角度进行衡量：一是满意度指数，即在每个测量项上，教师的满意度得分，用以衡量在各个题项上的满意程度；二是题项满意与否的重要程度，即影响教师满意度的众多因素中，描述各影响因素的影响力大小的重要性指标。

在亟须改进区，从共性上看，不同职业发展阶段中职教师在地位期望、收入待遇、考核评价效果三个方面都认为是当前提高中职教师满意度亟须提高的方面；除高级职称教师外，其他教师都关注职称晋升。

中职教师群体整体的社会地位感知低是当前中职教师队伍建设面临的首要问题。而且从不同职业发展阶段来看，教师群体的社会地位感知随着教师职业发展而不断降低。调查数据显示，助理级职称、中级职称和副高级职称教师认为中职教师社会地位"一般"层次以下的占比分别为38.8%、48.7%、51.2%，呈现出职称越高，不满意比例越高的趋势。同时，对于题项"总的来看，您对中职教师这份职业感到满意吗"，随着教师职称提高，选择"比较满意、满意和非常满意"的比例呈现下降的趋势，未评职称、助理级职称、中级职称、副高级职称和正高级职称教师群体的比例分别为69.4%、64.1%、59.0%、58.1%和36.7%；在问到"对自己在学校发展是否满意"时，呈现出与上一问题类似的趋势，未评职称、助理级职称、中级职称、副高级职称和正高级职称教师群体的比例分别为67.6%、63.1%、60.5%、59.0%和38.0%；呈现教师专业化发展程度越高，对自身所处学校组织环境的期待越高的趋势。综合教师访谈和问卷的开放题整理，教师在社会地位待遇和专业发展上的意见，主要集中在以下三个方面。

一是地位待遇偏低。重视职业教育，就要先重视职业教育的教师，但数据显示，42.0%的中职教师认为其工资待遇低于普通高中教师，但是教师职称达到正高级职称以后，这一比例呈现明显下降，仅有34.2%的正高级职称教师认为其待遇低于普通高中教师，职称是教师群体职业生涯中提

高收入的重要途径。有教师提出"提高中职教师待遇，改革职称制度""扩大高级职称教师比例"；受访青年教师普遍表示，现在教学工作和学生管理工作压力都很大，但教师职级晋升要求高、名额少、比例低，晋升困难，导致教师职业发展诉求很难得到满足。❶

二是非专业教学工作负担重。59.1%的中职教师认为"用于学生管理或是事务性工作的时间远大于专业教学科研的工作时间"。一位副高级职称教师提出"让教师专注于教学，减少繁琐的事务性工作""减少工作量，不要让教师一直处于疲劳亚健康状态工作""教学工作以外的任务太过繁杂，导致教师疲惫""建议教师的工作更专一、更纯粹，专一才会专业。杂七杂八的事多了，不能专一地搞教学，教学效果就会打折扣，教师也会感觉工作非常劳累，成就感降低，甚至有时为了应付杂事疲于奔命"。甚至有教师提到"教师招生分值在其绩效量化分中所占比重较重，教师招生压力较大"，学校生存压力转化为教师工作压力，挤占教师正常的岗位职责所需的专业发展时间，基层教师难免出现职业认同危机。教师学校生活单调、频繁的重复带来职业倦怠的提前和比例上升，这也是影响教师职业价值观和幸福感的重要原因。❷

三是专业发展受限。数据显示，23.1%的中职教师认为自己教授课程与自己专业所长相关度不高。教师建议"建立完善的教师进修制度""政府关注教师的专业发展""多开展教师交流活动，让中职教师有渠道互相沟通经验""切实加强骨干教师和学科带头人的管理，发挥骨干教师的示范、引领作用，提高教师的学历水平和教育教学技能"。

从异质性上看，相对初中级职称教师，高级职称教师认为当前教师入企实践环节、考核评价和学校培训机会方面亟须提高。显然提高高级职称教师满意度，提高其工作积极性需采取更加全方位的措施。60.1%的中职教师认为学校为专业课教师对接行业企业的支持力度满意，但是副高级职

---

❶ 胡秀锦，周齐佩. 中职学校青年教师职业认同困境：表现、归因与突破 [J]. 教师教育研究，2021，33（5）：50－56，34.

❷ 万恒，石青群. 生涯视域下教师个性化专业发展：现状与问题——基于五所初中学校的实证研究 [J]. 教师教育研究，2018，30（2）：64－71.

称的满意度仅为48.6%，是最低的一个职称群体。一位副高级职称教师提出"学校应继续为教师创造到行业企业实训条件，加快教师成长""应加大校企合作，老师也应增强实践经验""多给一线教师学习培训机会，而不是总在有行政头衔的群体中""政府牵线搭桥，学校和企业合作，培养适合企业需要的人才"。随着教师职称晋升，教师对学校所需的支持力度要求越高，这也反映出当前我国教师入企实践质量不高，难以满足高级职称教师的需求。"校企合作，老师要有企业的依托，能在企业任职，带学生创办企业，光是请进来，不走出去，或者只是去参观，作用太小""专业教师应多到企业去顶岗学习"。评价是"指挥棒"，学校是教师考核评价政策的最终实施者，数据显示，57.2%的教师认为"学校对教师的考核管理制度"合理，但随着职称升高，这一比例在逐步下降，副高级职称教师的这一比例为51.8%。

从优势区来看，共性上，不同职业发展阶段中职教师在学生关系、学校教学管理、职业期望、学校公平氛围和后勤服务保障方面都非常满意，但是副高级职称和正高级职称教师在民主渠道、民主实效、领导沟通、同事关系和工作条件方面都落入了优势区，职称越高的教师在教师权益表达中更满意，与领导同事的关系越和谐，满意度越高。

第三节　小结与建议

影响不同职业发展阶段中职教师的满意度因素既有共性因素又有差异性因素。从差异性来看，不同职业发展阶段教师，一方面能力发展诉求不同。职称越高的教师，对体现职业教育类型特色化发展的能力需求要求越高，如教师在入企实践和学校培训机会等方面的迫切需求。另一方面对学校组织支持度的敏感度不同。提高中职教师满意度，需充分考虑不同发展阶段教师诉求。从共性来看，职业期望、收入待遇、学校考核评价是影响中职教师满意度的最重要因素。

一、满足不同职业发展阶段教师的专业发展诉求

（一）关注教师职业发展规划

教师专业发展是教师人格尊严和生命价值的内在要求，是体现劳动价值、获得尊重和认同的基础。应帮助教师及早建立职业发展规划，为不同发展阶段的教师设计具体的发展目标；确立清晰的职业生涯目标，激励、唤醒和鼓舞教师，激发教师专业发展的自觉性。

（二）构建不同发展阶段中职教师专业共同体学习

未评职称和助理级职称教师，尚处于熟悉教学工作的阶段，因此要组建学校教师教学交流机制，建立老带新教学交流模式；在学校内部建立专业共同体学习机制，发挥教师内部老中青教师的传帮带作用。针对中高级职称教师，要搭建区域或者全国层面的交流学习机制，为教师提供学习机会；在信息化、数字化高速发展的现代社会，相关部门要积极搭建中职教师基于网络技术的平台系统，促进信息技术与学习的融合。中职教师应充分利用专业共同体平台，提升自身的专业发展水平。

（三）建立教师数字化资源培训库，实现个性化培训

对处于不同生涯发展阶段的教师要有不同的培训内容设计，充分考虑纵向的培训体系建设，搭建阶梯化的教师培训体系；充分利用数字化转型带来的机遇，实现教师教育培训的个性化和针对性。

二、关注副高职称教师工作生活质量

副高级职称教师群体是业务骨干力量，已经较好地适应了教学工作，对提升自身专业能力具有较高需求，同时对促进教师专业发展的外界支持环境更加敏感，对学校治理水平有更高的期望。针对这一群体，政府、学

校要综合施策，防止教师职业倦怠。针对性提高其福利待遇、加大对这一职称群体教师的培育培训力度和深度，充分发挥其智力资源，发挥引领作用，提高中职教师队伍质量。提高副高级职称教师参与学校治理的话语权，促进学校治理现代化。

三、提高中职教师职业认同

（一）推进地方落实经费保障责任，新增教育支出更多用于提高教师待遇

职业院校教师生师比仍然较高，教学任务、培训任务和科研任务压力要求都较大。一是"双师型"教师队伍建设，一方面要求教师加强实践，一方面教师要求科研论文，双重压力大；二是数字化时代，教师教学面临变革，信息化数字化学习压力较大；三是职业院校专业动态化调整，部分教师也面临再学习和再培训问题。平衡当前对职业院校教师队伍素质较高要求与教师自身待遇不高的现状，提高教师职业认同感和幸福感，稳定中职教师队伍。

（二）加大媒体宣传，提高中职教师的社会声望

中学教师的职业成就感主要来源于学生的成长与成功，但中职学生较少取得普通学校学生的学业成功，教师难以从学生的成长中获得职业情感，达到满足教师自我实现的需求。因此，应通过官方主流媒体大力宣传，提升中职教师荣誉感和获得感。

（三）改革评价，体现中职教师工作价值

贯彻落实好《深化新时代教育评价改革总体方案》和《关于进一步做好职称评审工作的通知》，紧密结合学校实际、教师工作实际，改革中职教师评价体系。持续进行社会职称制度改革，破除职称评审简单化问题，不将论文作为中职教师职称评审的主要评价指标。让中职教师更加关注自

己的教学工作，把学生教好、教会。在教师个人绩效考核中，要考虑到中职教师岗位的育人特殊性，针对不同的岗位情况，制定出科学、合理、公正公平的考核评价体系，考核指标注重多元化，考核目标清晰，考核结果及时反馈，依据考核成绩做出对教师的奖惩。

第五章　不同层级管理因素对教师工作满意度的影响差异研究

基于全国中职教师工作满意度调查数据，构建教师个体层级、学校层级和省区层级的三层线性模型，实证我国的中职教师工作满意度与教师个体因素、学校层级的学校管理因素和省区层级的政府保障之间的影响关系。研究发现，省区层级的政府保障因素和学校层级的管理因素差异均对教师工作满意度具有显著影响。政府保障对中职教师工作满意度影响程度远小于学校层级管理因素的影响。政府对国家级示范校的制度保障能有效提高国家级示范校教师的工作满意度。东中西部社会经济异质性对教师工作满意度没有显著影响。

第一节　基础理论与研究假设

教师作为教育活动的主体之一，是履行教育职责、培养人才最重要的践行者。一支高素质的教师队伍是中等职业教育高质量发展的重要资源保障。近十年来，我国中等职业教育专任教师队伍呈现缓慢下降的态势，与稳定持续增长的普通高中专任教师队伍形成鲜明对比（见图 5-1）。同时，中等职业教育的社会声誉不高，其相关利益群体的认同不容乐观。中职教师对职业教育不看重，对自己从事的职教教师工作兴趣不高，对自己的职业并不认同。❶ 事实上，职业院校教师队伍不稳定性已经成为困扰一些学校高质量发展的因素，局部地区中青年骨干教师流失现象严重。❷

图 5 - 1　2011—2020 年中职和普通高中专任教师师资队伍数量变化情况*

注：数据来源：作者依据历年教育统计数据整理得到。

一、问题提出

评价教师工作满意度是探索稳定教师队伍人才管理机制、优化学校管理的重要手段。已有研究表明，较高的工作满意度可以带来更高的工作绩效和更低的离职率，而且工作满意度还是整个生活状态的重要构成指标，影响人们生活的幸福感。❸ 然而中职教师工作满意度较低，处于"基本满意"状态。中职教师群体与普通高中相比相对低的工作满意度，政府因素和院校因素究竟在其中起了多么大的作用？为了回答这个问题，本章尝试探讨省区政府行政管理保障特征和学校管理层面对教师工作满意度的影响过程与机制。本研究基于全国大规模调查数据，引入分层线性模型，对中职教师工作满意度差异情况着重进行学校层面和省区层面的实证分析。

❶ 庄西真. 欠发达地区中等职业教育发展的社会心理因素的调查与分析 [J]. 河南职业技术师范学院学报：职业教育版，2003 (5)：34 - 38.

❷ 李励华，杨亚丽. 中等职业学校教师职业吸引力影响因素实证分析 [J]. 职业技术教育，2017，38 (20)：59 - 62.

❸ 范皑皑，丁小浩. 教育、工作自主性与工作满意度 [J]. 清华大学教育研究，2007 (6)：40 - 47.

二、理论基础与研究假设

已有研究充分证明高满意度感的教师比低满意度感的教师工作绩效明显增高，如何激发教师工作热情，提高教师工作满意度，进而激励教师进行教学创新，充分发挥教师教学效能，提高教学质量，引起学界和实践界极大的关注，并产生丰富的研究成果。

教师工作满意度是指教师对工作或教学角色的情感反应。❶ 学界对于教师工作满意度的测评维度，主要围绕工作本身、管理、工资、工作中的合作者（如同事）、晋升机会五个方面。❷ 海克曼和欧得曼（Hackman & Oldham）定义了五个决定教师工作满意感的主要因素，它们是技能种类、任务本身、工作价值、自主权、工作回报。❸ Skaalvik 等将共同价值观、监督支持、同事关系、领导关系、学生纪律等纳入学校层面因素，探讨学校背景因素与教师工作满意度的关系，并证实上述学校背景因素与教师工作满意度显著相关。❹随着研究理论和实证方法的发展，教师工作满意度的影响因素研究更为深入，教师工作压力、教师职业倦怠、教师专业发展等因素通过结构方程、线性模型等复杂统计方法被证明对教师工作满意度有显著影响。

国内学者对教师工作满意度进行了本土化的研究。陈云英和孙绍邦提出教师工作满意度的六个因素：工作性质、物理条件、薪水、进修提升、人际关系、领导管理。❺ 冯伯麟通过开放式的问卷和因素分析得出了教师

❶ 李志英. 高校教师工作满意度研究：以新疆乌鲁木齐市高校为例［D］. 上海：华东师范大学，2011.

❷ 尹玉辉. 中职教师从业体验高于预期：2019 年全国中等职业教育满意度调查新发现（二）［N］. 中国教育报，2020－08－18.

❸ HACKMAN J R, OLDHAM G R. Development of the Job Diagnostic Survey［J］. Journal of Applied Psychology，1975，60（2）：159－170.

❹ SKAALVIK E M, SKAALVIK S. Does school context matter? Relations with teacher burnout and job satisfaction［J］. Teaching and Teacher Education，2009，25（3）：518－524.

❺ 陈云英，孙绍邦. 教师工作满意度的测量研究［J］. 心理科学，1994（3）：146－149，193.

工作满意度的五维度：自我实现、工作强度、工资收入、领导关系和同事关系。❶ 陈卫旗研究发现，对中学教师工作满意度的主要影响因素如下：领导与管理、教育体制与社会环境、工作压力、收入与福利、社会地位和工作环境等。❷

学者胡咏梅等研究发现，教师工作满意度主要影响因素是领导与管理、学校声誉、发展环境、自我实现、付出—回报合理性等，从中能发现学校领导的管理和工作环境对教师的工作满意度有着很大的影响。❸ 近年来，国内学者们研究多侧重将工作满意度作为中介变量，考察组织支持、职业认同、职业承诺和职业倦怠等变量之间的影响机制，罗杰等将工作满意度作为中介变量，考察教师职业认同与情感承诺的关系。❹ 汤金宝实证探讨组织支持感对教师工作满意度和工作压力的影响，以及将组织承诺和职业承诺作为两者中介变量进行分析。❺ 裴丽等基于东亚高绩效中国上海、日本、新加坡和韩国四地的教学与学习国际调查（TALIS）数据，发现有效的专业发展对教师职业满意度有显著正向预测作用。❻

纵观学界对教师工作满意度影响因素的研究，从因素来源上来看，大致可以分为三类：第一类是教师个体层级因素，如教师职业倦怠、工作压力、专业发展等；第二类是学校层面因素，如校风学风、人际关系等；第三类是社会政府层面因素，如教师社会地位、工资报酬、政府教师教育与培训、教育改革等涉及教师专业发展的制度政策。而且学校层面和政府层面的管理水平和保障水平对教师工作满意度具有显著影响。为此，提出如

---

❶ 冯柏麟. 教师工作满意及其影响因素的研究 [J]. 教育研究，1996（2）：42 – 49.

❷ 陈卫旗. 中学教师工作满意感的结构及其与离职倾向、工作积极性的关系 [J]. 心理发展与教育，1998（1）：38 – 44.

❸ 胡咏梅. 中学教师工作满意度及其影响因素的实证研究 [J]. 教育学报，2007（5）：46 – 52.

❹ 罗杰，周瑗，陈维，等. 教师职业认同与情感承诺的关系：工作满意度的中介作用 [J]. 心理发展与教育，2014，30（3）：322 – 328.

❺ 汤金宝. 中学教师组织支持感对工作满意度、工作压力的作用机制研究 [D]. 南京：南京航空航天大学，2018.

❻ 裴丽，唐一鹏，黄嘉莉，等. 东亚高绩效四国教师工作满意度及其影响因素：基于 TALIS 数据的多水平分析 [J]. 教师教育研究，2020，32（1）：50 – 59.

下假设：

H1：学校管理因素能够影响教师工作满意度

H2：政府保障因素能够影响教师工作满意度

组织支持感理论是促进组织与个体形成良好关系的重要理论之一，对提高个体的工作效能和形成积极的组织文化具有重要作用。George 和 Brief 研究表明，如果员工有高的组织支持感，就会产生高的组织公民行为，如增加建言、提高自己的业务能力、提升绩效和关心组织的发展等。❶ 黄俊、吴隆增和朱磊认为，当员工有高组织支持感时，会不计报酬地提高工作积极性和工作业绩，并会对工作有较高的满意度。❷ 李忠民和徐捷的研究结论也持同样的观点，即组织支持感和员工的工作业绩和工作满意度是显著正向相关关系。教师组织支持感是教师感受到的所在学校管理者重视和认可其对工作的贡献以及学校管理者关心教师利益的程度。主要包括学校领导及相关政策和制度对教师工作上的支持、对教师利益的关心和对教师价值的认同等。❸ 基于组织支持感理论，学校组织管理对教师在专业提升方面的支持、对工作环境营造或让教师参与学校管理等都显得非常重要，让教师感知到学校支持会提高工作满意度、工作潜能和激情。学校的组织管理能够很高地预测学校组织效能，特别是诸如学生学业成就、教师信任、教师承诺和教师效能感等。❹ 在教学工作中得不到支持的教师感到缺乏动力（Ashton & Webb；Ostroff）；❺❻ 姜勇、钱琴珍、鄢超云研究发现学校工作氛围、教师参与学校管理和决策程度变量对教师工作满意度有较大的影

---

❶ GEORGE J M, BRIEF A P. Feeling good – doing good：A conceptual analysis of the mood at work – organizational spontaneity relationship［J］. Psychological Bulletin，1992，112（2）：310 –329.

❷ 黄俊，吴隆增，朱磊. CEO 变革型领导行为对中层管理者工作绩效和工作满意度的影响：组织支持知觉和价值观的作用［J］. 心理科学，2012，35（6）：1445 –1452.

❸ 李忠民，徐捷. 工作内嵌入对组织支持感受和工作绩效的中介效应：基于中国民航企业的实证研究［J］. 西安财经学院学报 2013，26（2）：31 –35.

❹ 汤金宝. 中学教师组织支持感对工作满意度、工作压力的作用机制研究［D］. 南京：南京航空航天大学，2018.

❺ ASHTON P T，WEBB R B. Making a difference：Teachers' sense of efficacy and student achievement［M］. New York：Longman，1986：43 –45.

❻ OSTROFF C. The relationship between satisfaction，attitudes，and performance：An organizational level analysis［J］. Journal of Applied Psychology，1992，77（6）：963 –974.

响，如果学校管理者在这两方面能处理好都会对教师工作满意度的提高有较大的助推力。❶ 为此，提出如下假设：

H3：学校层级的管理因素对教师工作满意度影响有显著差异

组织支持感理论对学校层面管理水平对教师工作满意度的影响给予充分理论支持，已有的研究也多从学校层面管理水平因素对教师工作满意度影响进行研究，对于从政府层面行政管理角度对教师工作满意度的影响研究较少。职业教育健康快速发展离不开政府人财物的大力支持，同时更需要政府层面的治理。在公共政策层面，政府强力推进建构了我国的职业教育体系，具有明显的教育行政系统主导，以项目制手段加强政府责任的倾向。政府规定了职业教育的办学、管理和评价制度。因此，政府层面的保障对中职教师收入薪酬、教师教育培训等均具有实际重要影响。然而，现实中，"一分部署，九分落实"，政府政策效果最终要看学校层面的落地实施情况。由此，本研究认为学校层级的管理因素和政府保障具有混合效应。基于组织支持感理论和已有的教师工作满意度文献，提出如下假设：

H4：学校层级的学校管理与省区级的行政管理之间的混合效应对教师工作满意度有显著影响

教育研究的一个基本现象是教师个体职业发展在学校和政府的组织情境中的成长过程。学界从教师层面因素对教师工作满意度影响的研究较多，但是少有文献研究学校层面管理和政府层面行政管理差异对教师工作满意度的影响差异。为考察政府层面行政管理和学校层面管理对我国中职教师工作满意度的影响，本书利用全国调查数据，采用三层线性模型，基于以上四个假设分析教师层面、学校层面和省区层面因素对教师工作满意度的不同水平影响。由于在职业教育政府分级管理中，省级政府是政府保障的一个重要行政单位。各省级政府的办学政策、财政政策对职业教育的教育要素配置具有重要影响。经济发达省份，强大的经济实力使当地在中

---

❶ 姜勇，钱琴珍，鄢超云. 教师工作满意度的影响因素结构模型研究 [J]. 心理科学，2006（1）：162-164.

职教育的投入、师资培养等方面更有保障，区域经济情况决定职业教师的薪酬福利、专业发展等，对教师满意度具有显著影响，因此本书考察将政府层面的行政管理因素落在省级政府层面。

第二节　三层线性模型分析

一、数据说明

全国中等职业教育满意度调查由中国教育科学研究院依托自建的全国教育调研联盟组织实施。对 31 个省份、308 个地级市的 630 所中职学校的教师开展在线调查。共回收问卷 9637 份，其中有效问卷 8607 份，有效率 89.31%。中职教师工作满意度问卷充分借鉴国内外满意度测评理论和评价指标体系，采用李克特式七点量表进行测量（见附录 1）。本研究采用总体满意度、学校管理和政府保障等 3 个一级指标，共 13 个二级指标和 33 个具体题项。

二、多层模型

考虑到抽样调查采用分层多阶段不等概率抽样，按照国家—省份—校分层，在各学校内采用系统抽样方法抽取。样本具有明显省份、学校和个体三个层次，本书采用多层模型，将误差按层次分解为层一教师个体间的差异、层二学校间的差异和层三省区行政因素间的差异，以解决传统多元线性回归模型在处里嵌套数据时个体间随机误差独立性不能满足的问题，同时有效探讨层间自变量对因变量的影响和层次间效应，因此使用多层线性模型进行分析。

三、变量与测量

本研究的因变量是教师总体工作满意度，包括职业社会地位、工作成就、职业本身、自我发展、工作对象和工作组织环境六个题项，该量表的克朗巴赫系数（Cronbach's Alpha）0.909，具有较高可靠性。

本研究的学校管理主要是指学校对教师工作上软硬件的支持，具体体现为工作条件、工作环境、发展机会和管理服务，包含18个题项。该量表的克朗巴赫系数（Cronbach's Alpha）0.956，具有较高可靠性。

政府保障一方面是指政府在出台中职教师相关政策后，对政策细化落地所采取的经费和制度支持力度；另一方面是指《教师法》中的权益保障，教师按时获取工资报酬，对学校教育教学、管理工作和教育行政部门的工作提出意见和建议，参与学校的民主管理等。分为发展支撑、权益保障和社会地位保障三方面，包含 9 个题项，该量表的克朗巴赫系数（Cronbach's Alpha）0.972，具有较高可靠性。

教师个体特征包括性别、学历、职称、教龄、职业证书、编制、月收入、是否中层干部等。学校层面特征变量包括学校类型、办学水平、办学性质、学校所在地等。省市层面特征变量是东中西区域，代表我国传统的东中西社会经济文化差异（见表5-1）。

表5-1　变量及其说明

因　素	变　量	说　明
因变量与自变量		
因变量	总体工作满意度	职业社会地位、工作成就、职业本身、自我发展、工作对象和工作组织环境等六个测度项
自变量	省级政府管理	政府保障包含发展支撑、权益保障和社会地位保障三个二级维度
	学校管理感知	学校层级管理包含工作条件、工作环境、发展机会和管理服务四个二级维度

因　素	变　量	说　明
		控制变量
教师个体特征	性别	女生（对照组）、男生
	学历	高中或中专、大专、本科、硕士研究生、博士研究生（对照组）
	职称	未评职称、助理级职称或二级职称、中级职称或一级职称、副高级职称或高级教师、正高级职称或正高级教师
	教龄	3 年以下、3 ~ 5 年、6 ~ 10 年、11 ~ 15 年、16 ~ 20 年、20 年以上（对照组）
	职业证书	未评（没有）、初级技能、中级技能、高级技能、技师、高级技师（对照组）
	编制	正式在编、合同聘任、其他（对照组）
	是否班主任	否（对照组）、是
	在校工作时间	不坐班、0 ~ 4 小时、5 ~ 8 小时、9 ~ 12 小时、12 小时以上
	月收入	2000 元以下、2001 ~ 3000 元、3001 ~ 4000 元、4001 ~ 5000 元、5000 元以上（对照组）
	中层干部	是、否（对照组）
学校特征	学校类型	是［普通中专（含高职中专部）］、否（对照组）
	办学水平	是（国家级示范中职校），否（对照组）
	办学性质	公办（政府拨款），民办（不含行业、企业办学），行业、企业办学，其他（对照组）
	学校所在地	城市、乡镇（对照组）
省级特征	区域	东、中（对照组）、西

四、模型设定与分析

考虑到教师个体嵌套到学校，学校嵌套到省区，本研究以三层 HLM 作为分析模型，第一层次方程是教师个体层次预测变量，第二层次方程是学校整体层次预测变量，第三层次方程是省区层次预测变量。

（一）零模型

在多层模型中，层一、层二和层三都不包含任何解释变量的模型称为零模型，见公式（5.1）

层一模型：$Y_{ijk} = \beta_{0jk} + \varepsilon_{ijk}$

层二模型：$\beta_{0jk} = \gamma_{00k} + u_{0jk}$ （5.1）

层三模型：$\gamma_{00k} = \lambda_{000} + \theta_{00k}$

在式（5.1）中，i、j、k 分别表示个体、学校和省区三个层次，Y_{ijk} 是 k 省区 j 学校 i 教师个体的从业满意度得分，β_{0jk} 是 k 省区 j 学校的平均教师从业满意度得分，γ_{00k} 表示 k 省区教师的从业满意度平均得分，λ_{000} 表示因变量的总体平均值，ε_{ijk} 是教师个体层的随机项，u_{0jk}、θ_{00k} 分别表示学校层和省区层的随机项。Y 为本研究中的因变量。考察学校层面的随机方差为 0.26（$P < 0.001$），这意味着不同学校之间的教师满意度存在显著性差异，根据教师个体和学校层面的随机效应方差成分计算组内相关系数为 19.1%，表明教师从业满意度的总变异中有 19.1% 来源于学校之间的差异。考察省区层面的随机方差为 0.06（$P < 0.01$），这意味着不同省区之间的教师从业满意度存在显著性差异，根据学校层面和省区层面的随机效应成分计算组内相关系数为 4.5%，表明教师从业满意度的总变异中有 4.5% 源于省区之间的差异。根据 Cohen（1988）所建议的判断准则，相关系数大于 0.059，即认为造成因变量的组间变异是不可忽略的，此处相关系数为 19.1%，属于高度关联强度，因此，教师的从业满意度在学校层和省区层均存在相当大的差异，不宜采用一般的回归分析模型，必须运用 HLM 来分层考察嵌套数据（见表 5-2）。

表 5-2　零模型参数估计结果

随机效应	方差分量	P 值	层级相关系数
教师个体（层一）	1.03	0.000	—
学校（层二）	0.26	0.000	19.1%
省区（层三）	0.06	0.005	4.5%

（二）随机截距模型

随机截距模型公式（5.2）。在随机截距模型中，在层一模型中加入相关特征变量，包括教师个体的人口学特征和社会身份特征（*TFeature*），具体为性别、学历、职称、教龄、职业资格证书等级、编制、月收入、是否中层干部等，同时加入个体层次政府保障变量（*Govg*）和个体层次学校管理变量（*Schm*）。在层二模型中加入学校层面的特征变量（*SFeature*），分别为是否普通中专、是否国家示范校、学校办学性质等。在层三模型中加入东中西变量（*Area*）。模型 1 是回归结果（见表 5-3）；进一步的，以教师个体层次学校管理变量做数据聚合，作为反映学校层级管理水平，记为学校管理（校均）（*ASchm*），作为固定效应，纳入层二模型，用以解释在学校层次上教师总体工作满意度由学校管理引起的扰动，模型 2 是回归结果（见表 5-3）。

层一模型：

$$Y_{ijk} = \beta_{0jk} + \beta_{1jk}Govg + \beta_{2jk}Schm + \beta_{3jk}TFeature + \varepsilon_{ijk}$$

层二模型：$\beta_{0jk} = \gamma_{00k} + \gamma_{01k}ASchm + \gamma_{02k}SFeature + u_{0jk}$

$$\beta_{1jk} = \gamma_{10k}$$

$$\beta_{2jk} = \gamma_{20k}$$

层三模型：$\gamma_{00k} = \lambda_{000} + \lambda_{001}Area + \theta_{00k}$ $\hspace{2em}$ （5.2）

$$\gamma_{01k} = \lambda_{010}$$

$$\gamma_{02k} = \lambda_{020}$$

$$\gamma_{10k} = \lambda_{100}$$

$$\gamma_{20k} = \lambda_{200}$$

在式（5.2）中，在层一模型，Y_{ijk} 表示 k 省区 j 学校 i 教师个体的从业满意度得分，β_{0jk} 是 k 省区 j 学校的截距，β_{1jk}、β_{2jk} 和 β_{3jk} 分别表示个体层级政府保障差异、个体层级学校管理差异和教师个体特征差异与学校 jk 的从业满意度得分之间的联系方向与强度，ε_{ijk} 表示教师个体层级随机误差。在层二模型，γ_{00k}、γ_{10k} 和 γ_{20k} 分别为学校层级效应 β_{0jk}、β_{1jk} 和 β_{2jk} 的模型中关于学校 j 的截距，γ_{01k} 和 γ_{02k} 分别是学校层级学校管理 *ASchm* 和学校特征

$SFeature$ 与 β_{0jk} 之间的联系方向与强度，u_{0jk} 是学校层级随机误差。在层三模型，λ_{000}、λ_{010}、λ_{020}、λ_{100} 和 λ_{200} 分别是求 γ_{00k}、γ_{01k}、γ_{02k}、γ_{10k} 和 γ_{20k} 的学校层级模型中的截距，λ_{001} 是省区地域特征差异与 γ_{00k} 之间的联系方向和强度，θ_{00k} 是省区层级随机误差。

从教师个体层面来看，（1）中职女性教师的工作满意度显著高于男性教师；（2）学历对教师工作满意度呈现倒"U"形影响，与其他学历教师相比，博士学位教师工作满意度最低。（3）职称对教师工作满意度具有显著"U"形影响，副高级职称教师满意度最低。（4）职业资格等级证书对教师工作满意度具有波动显著影响，具有高级职称的教师满意度最高。（5）月收入对教师工作满意度具有显著影响，月工资4000元以上的教师工作满意度显著高于月工资低于4000元的教师。（6）政府保障和学校管理作为影响教师工作满意度的主要因素，对教师的工作满意度具有显著影响，且于政府保障而言，学校管理效应是政府保障效应的6倍多（0.819/0.135）。这验证假设 H1 和假设 H2。

从学校层面来看，（1）从学校办学类型看，与非普通中专类学校相比，普通中专校的教师工作满意度更低。（2）从办学水平来看，与非国家级示范校相比，国家级示范校的教师工作满意度更高。（3）从办学性质看，相对其他办学性质的学校，公办院校、民办院校和行业企业办学院校具有负向影响，但是整体来看，学校的办学水平对教师的工作满意度在统计学意义上没有显著影响。（4）依据表5-3模型2系数显示，学校管理水平差异对教师工作满意度具有显著影响（$P<0.05$），也即假设 H3 成立。

从省区层面来看，在控制层一和层二变量后，东中西部社会经济异质性对教师工作满意度的影响没有显著差异。

表5-3　随机截距模型因子显著性及模型系数

固定效应			模型1系数	模型2系数
层一	性别	女	− 0.042 *	− 0.041 *
	学历	高中或大专	0.429 *	0.433 *
		大专	0.389 *	0.393 *
		本科	0.312	0.314
		硕士研究生	0.210	0.213

续表

	固定效应		模型 1 系数	模型 2 系数
层一	职称	未评职称	−0.085	−0.088
		助理级职称	−0.135*	−0.138*
		中级职称	−0.175*	−0.176*
		副高级职称	−0.175*	−0.175*
	教龄	3 年以下	0.035	0.033
		3~5 年	0.039	0.036
		6~10 年	0.026	0.026
		11~15 年	0.008	0.008
		16~20 年	−0.019	−0.020
	职业资格等级证书	未评（没有）	0.015	0.015
		助理级技能	0.009	0.010
		中级技能	0.049*	0.049*
		高级技能	0.014	0.014
		职业技师	−0.006	−0.005
	编制	正式在编	−0.105*	−0.105*
		合同聘任	−0.048	−0.051
	月收入	2000 元以下	−0.130*	−0.127*
		2001~3000 元	−0.123*	−0.121*
		3001~4000 元	−0.069*	−0.068*
		4001~5000 元	−0.036	−0.035
	学校中层干部	否	−0.046*	0.048*
	政府保障		0.135*	0.131*
	学校管理		0.819*	0.811*
层二	办学类型	普通中专	−0.010	−0.010
	办学水平	国家级示范校	0.028*	0.027*
	办学性质	公办	−0.008	−0.003
		民办	−0.013	−0.020
		行业企业办学	−0.060	−0.063
	学校层学校管理		—	0.060*

续表

固定效应			模型 1 系数	模型 2 系数
层三	东中西	东部	0.006	− 0.018
		中部	− 0.046	− 0.059
−2 受约束的对数似然值			15099.074	15095.048

注：＊表示在 0.05 的水平下统计检验显著。

（三）完全模型

在随机截距模型基础上，构建随机斜率模型，依据前面的假设 H4 和 H5，这部分重点关注结果变量与学校层级的管理因素与政府层级的行政管理因素之间的影响关系。为此，有以下模型：

层一模型：$Y_{ijk} = \beta_{0jk} + \beta_{1jk}Govg + \beta_{2jk}Schm + \beta_{3jk}TFeature + \varepsilon_{ijk}$

层二模型：$\beta_{0jk} = \gamma_{00k} + \gamma_{01k}ASchm + \gamma_{02k}SFeature + u_{0jk}$

$$\beta_{1jk} = \gamma_{10k} + \gamma_{12k}SFeature + u_{1jk} \tag{5.3}$$

层三模型：$\gamma_{00k} = \lambda_{000} + \lambda_{001}Area + \theta_{00k}$

$$\gamma_{01k} = \lambda_{010} + \lambda_{011}Area + \theta_{01k}$$

在式（5.3）中，在层二模型，γ_{12k}表示学校特征 $SFeature$ 与 β_{1jk} 之间的联系方向与强度，u_{01k} 表示学校层级模型随机误差；在层三模型，λ_{011} 省区地域特征差异与 γ_{01k} 之间的联系方向和强度，θ_{01k} 是省区层级的随机误差。其他参数同式（5.2）。

采用分层线性模型可以有效反映教师个体特征（层一）对教师工作满意度的影响是如何随着学校特征和政府管理差异特征的不同而变化的。具体结果见层级交叉结果（见表 5 – 4）。办学水平和政府保障的交叉效应显著（$P < 0.1$），而办学类型与政府保障的交叉效应不显著（$P = 0.1$），政府保障对国家级示范校保障的加强能够有效提高国家级示范校教师工作满意度，政府保障与学校管理（校均）的交叉效应显著，H4 假设成立。我们认为政府层面的制度政策，一方面，直接为教师提供保障，例如薪酬福利、教师专业发展支持等；另一方面，政府层面的制度政策必须通过具体中职学校的院校层面的管理来落实落地，因此，可以理解政府层面的政府

保障因素与学校层面的管理因素效应混杂，对教师工作满意度产生显著影响。

表 5 - 4　完全模型层级效应

	固定效应		模型系数
层级效应	办学类型 × 政府保障	普通中专 × 政府保障	0.007
	办学水平 × 政府保障	国家级示范校 × 政府保障	0.032 *
	办学性质 × 政府保障	公办 × 政府保障	0.019
		民办 × 政府保障	- 0.037
		行业企业办学 × 政府保障	- 0.114
	东中西 × 学校管理（校均）	东部 × 学校管理（校均）	- 0.034
		中部 × 学校管理（校均）	0.047
	学校管理（校均） × 政府保障	学校管理（校均） × 政府保障	0.044 *
- 2 受约束的对数似然值			12903.933

注：×表示交叉效应；＊表示在 0.05 的水平下统计检验显著。

第三节　结论与建议

一、加强以省区为行政单位的统筹管理

《国家职业教育改革实施方案》中提出："经过 5～10 年左右时间，职业教育基本完成由政府举办为主向政府统筹管理、社会多元办学的格局转变，由追求规模扩张向提高质量转变，由参照普通教育办学模式向企业社会参与、专业特色鲜明的类型教育转变。"2022 年新修订实施的《职业教育法》规定省、自治区、直辖市人民政府应当加强对本行政区域内职业教育工作的领导，统筹协调职业教育发展，组织开展督导评估。本书模型分析显示，省区层级的政府保障和学校层级的学校管理对中职学校教师工作满意度具有显著影响，且两者之间的交互效应对教师总体工作满意度具有显著影响。贯彻落实各省级政府对本地职业教育的保障，出台具有地方特

色的学校治理规划和方案，实施学校治理水平督导评估，加强政府对职业院校"放管服"，是提高教师工作满意度的根本。

二、推进不同办学性质学校教师身份待遇同等化

政府保障对教师工作满意度具有重要影响，且政府保障对公办院校教师满意度具有显著的正向影响，而对其他办学性质的学校并没有显著正向影响。说明政府在管理上，要对不同办学性质的院校采取不同的政策措施，以办学性质来区分类型，进行分类施政，更大发挥政府作用。对公办院校，实践证明有成效的政策，应保持政策的稳定性和连续性，并进一步提高政策的精准性和有效性，如职业教育示范校项目，"双高"计划等，持续完善政府对职业教育发展的保障机制，提高公办职业院校教师工作满意度。对民办院校，逐步推进民办、公办院校人事管理制度走向融合，实现公办、民办学校教师同等权利和同等待遇。

三、发挥示范院校辐射带动作用

从学校办学水平来看，国家级示范校、省级示范校、国家级重点校、省级重点校和普通中职校等五类学校中，国家级示范校教师在从业总体满意度、学校管理和政府保障三个维度上得分都最高，分数分别为 58.61 分，63.28 分和 61.05 分。❶ 且本研究实证显示，政府保障与国家级示范校的交互作用对教师工作满意度具有显著的正向影响，与非国家示范校类型学校的交互作用对教师工作满意度具有负向影响。国家级示范校建设通过加强政策引导和机制创新，加大财政投入力度等，推动项目学校在专业建设、课程开发、教材教法创新、教学模式改革、教师和校长培训等方面进行了

---

❶ 尹玉辉. 中职教师队伍：从业现状、建设成效与政策建议——基于全国中等职业教育教师满意度调查［J］. 河北师范大学学报：教育科学版，2021，23（4）：88-93.

一系列改革，国家级示范校教师较高的工作满意度侧面反映出国家示范校项目有效提升学校各个环节办学水平，打造出职业教育品牌。"后示范"建设时期，总结示范校经验，发挥示范校的辐射作用，提升中职整体的学校治理和政府保障水平，提升职业教育办学能力。

四、加强学校层面的督导评价

学校管理对教师工作满意度具有显著正向作用。搭建"尊师重教"的学校内部管理体系，关心教师、服务教师，为教师参与学校治理提供畅通渠道，提高中职教师幸福感。一方面，持续做好中职校长（书记）培训。通过开展名校长（书记）培训，发挥其示范引领、以点带面的作用，提高校长的办学治校能力。校长专业素质直接影响学校的管理水平，当前中职校长的胜任力和专业发展面临很大挑战。另一方面，加强对中职学校管理的督导评价，推动中职学校管理现代化。中国教育科学研究院连续两次的中职教师满意度调查数据显示，2019 年中职教师工作满意度得分为 58.52分，和 2016 年相比，下降了 3.91 分。❶ 与政府保障相比，学校管理因素对中职教师满意度影响更大，随着数字信息化发展，创新中职学校督导管理方式，加强中职学校管理的督导评价，确保政府政策落地生效，是提高中职教师工作满意度最直接有效的途径。

五、保障教师良好的职业教育发展环境

教师的性别、学历、职称、职业资格证书等级、月收入等个体特征显著影响着教师的工作满意度。要改变中职学校教师群体面临职业认同度和幸福感降低的现状，一是在教师待遇方面要"提低扩中"。地方政府要真正重视中职教育发展，加大对教师的财政支持，扭转中职教师群体待遇普

---

❶ 尹玉辉. 中职教师从业体验高于预期：2019 年全国中等职业教育满意度调查新发现（二）［N］. 中国教育报，2020 – 08 – 18.

遍低于当地普通高中教师待遇现状。二是落实职业教育教师职称评审制度，充分尊重职业教师的特殊性，建立合理的绩效考核体系。三是关注不同职业生涯阶段的中职教师培训需求，搭建完善的职业教师培训体系，助推中职教师专业化发展。

第六章 职业院校师资培训满意度调查研究

职业教育类型化发展迫切需要打造一支高素质、专业化的"双师型"师资队伍，提高职业教育人才培养质量。教师培训是职业院校加强师资队伍建设，帮助教师更好地适应工作岗位，全面提升教师专业教学能力的有效途径。❶ 本研究旨在对我国当前的职业院校师资培训状况进行调查研究，探讨我国职业院校教师专业发展存在的主要问题，为职业院校提高师资培训水平，助力"十四五"时期职业院校高质量发展提供政策建议。

第一节 调查概述

一、调查方法与工具

2011 年 11 月，教育部、财政部开始全面实施《职业院校教师素质提高计划》（以下简称《计划》），《计划》实施以来，我国组织实施了大规模的职业院校专业课骨干教师培训项目，项目的实施有效提升了我国职业教育教师队伍的内涵和结构素质，积累了丰富的培训经验。为更好地了解该《计划》实施过程中，培训活动的针对性和有效性，存在的问题与困难，分析其产生的原因，寻求针对性的解决策略，为政府制定政策提供科

---

❶ 刘妍，李新发.《职业院校教师素质提高计划》实施 10 年：成就、价值与展望［J］. 教育学术月刊，2021（2）：20－26.

学依据，课题组展开了实证调研。

采用《职业院校教师素质提高计划实施情况调查问卷》进行调查（见附录4），该问卷包含培训参与者背景信息、参与次数、参与项目、培训主题、培训课程、培训方式和培训效果等满意情况，共包括七个背景信息，19个培训问题项。问卷由课题组自行设计开发并修订完善而成。调查问卷评价指标体系由效果评价、自然特征、制度特征和环境特征四个子模构成，每个子模由不同维度构成，共计九个维度，每个维度下面由不同评价指标项构成（见表6－1）。

表6－1 "职教教师素质提升计划"实施效果评价指标体系

子模	维度	指标体系
效果评价	培训收获	培训设计、培训主题、培训方式、培训课程、培训对教师需求感的满足、培训评价
	综合素质	总体质量、专业知识、实践技能、教学能力、先进技术、信息技术
	工作表现	用人单位评价
自然特征	结构分布	总体规模、经费结构、地区分布、层次分布
	个体特征	性别、年龄、地域、任职岗位、工作年龄
	学校特征	学校类型、学校层次、学校地区
制度特征	管理机制	管理方式、基本要求、标准体系、培训项目、年度规划、师资队伍、培训目标、课程设置、教学管理、经费投入、资助体制、学时安排、评价机制
环境特征	社会环境	宏观人才政策、教育政策、职业教育政策、经费分配机制、就业形势
	国际环境	国际交往

二、调查对象与范围

调查对象为全国范围内近十年（2010—2019）参与职教教师素质提升计划（以下简称"计划"）的职业院校教师、政策制定者、组织管理者、用人单位四个主体。四个主体从不同维度进行培训效果的反馈，勾画出教师国培情况的立体画像。

三、调查抽样与实施

本课题组利用"问卷星"平台，通过重点委托❶项目管理的方式，基于方便取样的基本原则，并通过滚雪球取样的方式扩大到全国 29 个省份（含直辖市），向参与计划的职教教师展开调查，共回收有效问卷 6286 份❷。

四、调查样本基本信息

从样本所在区域上看，参与调研的参训教师规模在地区上呈现较大差异性，其中东部、中部占比较高，分别为 40.59%、38.99%；西部地区占比最少，仅为 20.41%。从样本所在职业院校层级上看，来自高等职业学校参训教师占比 40.14%，来自中等职业学校参训教师占比 59.86%。样本分布比较合理，能够比较充分说明整体职教教师参与计划的情况（见表 6-2）。

表 6-2 样本区域和院校分布

分　类		占　比（%）
区域	东部	40.59
	中部	38.99
	西部	20.41
院校	中职	59.86
	高职	40.14

从学历分布上看，参训教师 69.97% 为本科学历，28.68% 为硕士研究生学历，具备本科以上学历达到 98.65%；大专以下学历仅占 1.35%。从

❶ 重点委托是指委托统筹管理全局的相关人员，根据具体要求，向相关地区发放问卷，填写问卷的教师人数不低于 5000 人。
❷ 在回收的 6286 份问卷中，有贵州、内蒙古、陕西、新疆、安徽、浙江、广西、青海、山西、宁夏、西藏、河北等省、自治区问卷不足 100 份。鉴于问卷分布的不均衡，本研究不做省域比较。

职称分布上看，参训教师中级职称的比例为 43.45%，副高级职称的比例为 29.69%，正高级职称比例为 2.88%，中级以上职称占比共计 76.02%。《职业院校教师素质提高计划中等职业学校专业骨干教师培训项目管理办法》中规定："参加国家级培训的教师，必须是中等职业学校在职专业课和实习指导课教师，具有中级以上职务，从事 5 年以上职业教育教学工作，所教专业与培训专业相符，师德良好，身体健康，年龄不超过 45 周岁。"依据《职业院校教师素质提高计划高等职业学校专业骨干教师培训项目管理办法》规定："参加国家级培训的教师，原则上应是高等职业学校的在职专业课和实习实训指导教师，具有中级以上教师职务。"从调查来看，有 23.99% 的参训教师职称不符合标准要求。从任职岗位分布看，参训教师的专业技能课占比为 41.58%，专业理论课占比为 36.06%，专业课和实习指导课占比共计 80.28%；实习指导课占比为 2.64%。依据前述《职业院校教师素质提高计划中等职业学校专业骨干教师培训项目管理办法》中对培训对象的规定："参加国家级培训的教师，必须是中等职业学校在职专业课和实习指导课教师。"依据《职业院校教师素质提高计划高等职业学校专业骨干教师培训项目管理办法》规定："参加国家级培训的教师，原则上应是高等职业学校的在职专业课和实习实训指导教师。"从调查数据来看，有 19.72% 的比例不符合标准要求，主要表现为参训教师为文化基础课教师数量偏高，但实习指导课教师数量偏低（见表 6-3）。

表 6-3　样本的学历、职称、岗位分布

分　类		占　比（%）
学历	大专及以下	1.35
	本科	69.97
	硕士	28.68
职称	未评职称	6.2
	初级职称	17.79
	中级职称	43.45
	副高级职称	29.69
	正高级职称	2.88

续表

分　类		占　比（%）
任职岗位	文化基础课	19.72
	专业理论课	36.06
	专业技能课	41.58
	实习指导课	2.64

从样本的年龄分布上看，在参训教师中，30 岁及以下的比例为 13.79%。31～40 岁的人员比例达到 43.37%。41～45 岁的比例达到 16.67%，45 岁以下的中青年占比共计 73.83%；45 岁以上的比例为 26.17%。有 26.17% 的比例不符合标准要求。从教龄分布上看，参训教师，任职 5～10 年比例为 18.20%，11～20 年的比例为 35.78%，20 年以上比例 29.80%，任职 5 年以上比例共计 83.78%（见表 6－4）。

表 6－4　样本年龄、教龄分布情况

分　类		占　比（%）
年龄	30 岁及以下	13.79
	31～40 岁	43.37
	41～45 岁	16.67
	45 岁以上	26.17
教龄	5 年以下	16.23
	5～10 年	18.20
	11～20 年	35.78
	20 年以上	29.80

五、评分标准与计算

依据问卷设置，设定本研究的评估标准为 5 分：非常满意 = 5，比较满意 = 4，一般 = 3，比较不满意 = 2，非常不满意 = 1。将参训教师对每一事项的给分与这一事项的权重相乘，并将所得的结果相加，再除以收回答卷的总数，得出参训教师对该项的平均分值。在描述性、差异性和相关性分析中，应用 SPSS 19.0 统计分析工具，通过频次、单因素方差以及双变量

相关等分析方法，对调查结果进行分析，得出相关结论，在此基础上提出
对策建议。[1]

第二节　职业院校教师培训满意度分析

一、教师对培训项目的满意度分析

（一）培训的总体满意度较高

总的来说，参训教师对培训主题、培训设计、培训课程和培训方式四
个维度的满意度均在80%以上，参与该计划培训教师总体满意度较高（见
图6-1）。

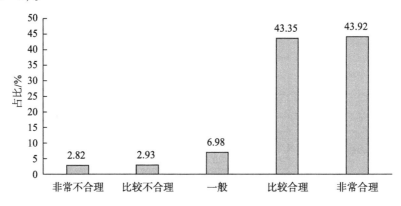

图6-1　培训总体满意度占比

（二）对培训设计、主题、课程和方式满意度较高

从培训设计满意度上看，参训教师满意度为90.96%，认为不太合理
的仅占1%。从培训主题满意度上看，参训教师对项目培训主题的满意度
为88.53%，认为一般且不太满意的占11.47%。在满意度测评中，属于得

① 刘妍，李新发.《职业院校教师素质提高计划》实施10年：成就、价值与展望［J］. 教育学术月刊，2021（2）：20-26.

分较低的值。说明计划的培训主题设计质量还有待进一步提升。从培训课程满意度上看，参训教师对项目培训课程的满意度为87.51%，认为不太满意的占12.49%。在满意度测评中，属于得分最低的值。说明计划的培训课程质量也有待进一步提升。从培训方式满意度上看，参训教师对项目培训方式的满意度为87.71%，认为不太满意的占12.29%。从整体来看，参训教师对培训方式还是比较接纳和肯定的态度（见表6-5）。

表6-5　培训满意度情况　　　　　　　　　　单位:%

维度	选项				
	不太满意			满意	
	非常不合理	比较不合理	一般	比较合理	非常合理
培训设计	0.25	0.75	8.03	56.79	34.17
培训主题	2.15	2.56	6.76	44.85	43.68
培训课程	1.96	2.48	8.05	45.15	42.36
培训方式	1.83	2.35	8.11	44.59	43.11

（三）培训的收获感和满足感较高

从收获感整体来看，参训教师通过参加计划培训，都比较有收获感。参训教师参与计划，认为收获非常大的占60.79%，有点收获的占32.91%，两者比例共计93.70%；仅有6.30%的教师认为收获一般、收获很小甚至没有收获。从需求满足感来看，参训教师在参加计划培训后，素质提升需求大都得到了满足。"非常同意"和"比较同意"职业院校教师素质提高计划很好地满足了自己参加培训的需求，占比共达到92.24%，仅有7.76%的教师说不清楚或不太认可自己的需求得到满足（见表6-6）。

表6-6　培训的收获感和需求满足感　　　　　　单位:%

收获感	选项	没有收获	收获很小	一般	有点收获	收获非常大
	占比	0.08	0.80	5.42	32.91	60.79
需求满足感	选项	完全不同意	比较不同意	说不清	比较同意	非常同意
	占比	0.32	2.00	5.44	49.11	43.13

二、教师对培训效果的满意度分析

（一）提升教学实践能力

从效果来看，参训教师在参加培训后，教学实践素质都得到了一定程度的提升。90.11%的参训教师认为职业院校教师素质提高计划有效帮助他们解决了教育教学中遇到的问题，提高了他们的教学实践能力。仅有9.89%的教师说不清楚或不太认可自己的实践能力得到提高（见表6-7）。

表6-7　培训效果的满意度分析　　　　　　　　　　单位:%

效果	非常不同意	比较不同意	说不清	比较同意	非常同意
教学实践能力提升	0.17	2.66	7.06	51.13	38.98
教学专业成长	0.10	2.08	4.65	48.52	44.65
示范引领作用	0.30	2.62	8.42	47.80	40.85

（二）助推教师专业成长

参训教师在参加计划培训后，都获得了专业成长。93.17%的参训教师认为职业院校教师素质提高计划有效助推了他们的专业成长，提高了他们的专业能力。仅有6.83%的教师说不清楚或不太认可自己的专业能力得到提高（见表6-7）。

（三）起到示范引领作用

参训教师大都认可自己的示范引领作用，但是更倾向于把培训当作是参训者自我发展的机会，对参训后回校将所学知识运用于日常教学工作，从而带动身边教师共同发展的主动性意识不足。88.65%的参训教师认为自己参与"职业院校教师素质提高计划"，起到了示范引领的作用，能够很好地示范带动其他老师的专业发展，但有11.34%的教师说不清楚或不太认可自己能发挥模范引领作用（见表6-7）。

(四) 更新专业知识

参训教师对培训主要价值的评价中，79.24%的教师认为它的主要功能在于"更新专业知识"。75.64%的教师认为它的主要功能在于"提升教学能力"。64.94%的教师认为它的主要功能在于帮助自己"学习先进技术"。58.43%的教师认为通过参加培训，能够"积累实践技能"。54.28%的教师认为它有助于自己"增强信息技术应用能力"。从整体来看，培训对更新教师专业知识具有较大帮助，同时提升教师教学能力，帮助接触先进技能和积累实践技能。但是数据还是显示出当前培训偏向理论维度素质提升，在实践层面素质提升效果偏弱（见图6-2）。

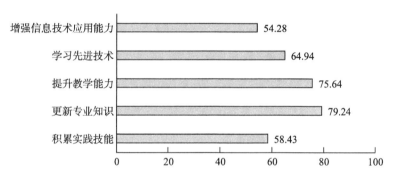

图6-2　培训价值认同占比%

三、参训教师的需求

贴合用户需要的培训才是最高效的培训。调研勾勒了参训教师对于教师培训项目的理想类型，即培训的项目设计需能帮助教师解决教育教学实际问题，培训场所为国家示范性职业院校和大中型企业，培训专家为行业内较高声望的能工巧匠以及优秀中高职一线教师，培训方式为企业观摩和跟岗实习，评价方式为问卷调查和课堂教学实践（见表6-8）。

表 6－8　教师培训需求情况

维度	类型	选择比例（％）
培训项目设计需求	更能帮助解决教育教学实际问题	76.17
	更加提高教师专业水平和教学技能	83.17
	更加符合教师获取证书的需求	35.67
	更能帮助教师了解国内外专业前沿理论	57.24
	其他	1.88
培训机构期望	职教区域培训基地	38.15
	国家示范性职业院校	66.83
	应用型大学	37.38
	大中型企业	50.03
	综合高校	29.18
	职业教育科研机构	26.98
培训专家期望	优秀中高职一线教师	56.65
	企业中高级技工	48.70
	高校教师专家	45.40
	具有较高声望的能工巧匠	70.00
	科研机构职教专家	35.36
	教育行政管理人员	7.52
	省市区的教研员	4.61
培训模式	集中面授	56.16
	网络自主研修	20.33
	跟岗实习	60.72
	顶岗实践	43.60
	企业观摩	62.07
	小组研讨	20.44
培训评价方式	结业考试	26.85
	问卷调查	59.88
	撰写论文与心得	38.21
	课堂教学实践	55.98
	自我评价	33.71
	学员互评	28.44
	其他	1.27

参训教师希望培训项目设计，更能帮助解决教育教学实际问题，占76.17%；更加提高教师专业水平和教学技能，占83.71%；更加符合教师获取证书的需求，占35.67%；更能帮助教师了解国内外专业前沿理论，占57.24%。

培训机构类型，66.83%的参训教师希望参加国家示范性职业院校培训，50.03%的参训教师希望参加大中型企业培训，38.15%的参训教师希望参加职教区域培训基地培训，37.38%的参训教师希望参加应用型大学培训，29.18%的参训教师希望参加综合高校培训，26.98%的参训教师希望参加职业教育科研机构培训。

培训专家类型，70.00%的参训教师希望培训专家为具有较高声望的能工巧匠，56.65%的参训教师希望培训专家为优秀中高职一线教师，48.70%的参训教师希望培训专家为企业中高级技工，45.40%的参训教师希望培训专家为高校教师专家，35.36%的参训教师希望培训专家为科研机构职教专家，7.52%的参训教师希望培训专家为教育行政管理人员，4.61%的参训教师希望培训专家为省市区的教研员。

培训模式类型，62.07%的参训教师希望培训模式为企业观摩，60.72%的参训教师希望培训模式为跟岗实习，56.16%的参训教师希望培训模式为集中面授，43.60%的参训教师希望培训模式为顶岗实践，20.44%的参训教师希望培训模式为小组研讨，20.33%的参训教师希望培训模式为网络自主研修。

培训评价方式，59.88%的参训教师希望培训评价采取问卷调查方式，55.98%的参训教师希望培训评价采取课堂教学实践方式，38.21%的参训教师希望培训评价采取撰写论文与心得方式，33.71%的参训教师希望培训评价采取自我评价方式，28.44%的参训教师希望培训评价采取学员互评方式，26.85%的参训教师希望培训评价采取结业考试方式。

四、职业院校教师培训整体成效

教育部通过实施职业院校教师素质提高计划，推动职业院校"双师型"教师规模不断扩大,"双师"素质持续提升,"双师"结构逐步优化,为职业教育快速发展提供了有力的支撑和保障。

(一)提升教师专业素质和校长办学治学能力

2011—2019 年,职业院校教师素质提高计划设置了"双师型"教师专业技能、专业带头人领军能力研修、优秀青年教师跟岗访学等项目。通过开设行动学习、专业教学法、课程开发与应用、技术技能实训、教学研究、应用技术研发、教学实践与演练等专题模块,使参训教师的理实一体教学能力、专业实践技能、信息技术应用能力、教研科研与团队研修能力得到显著提升,一大批参训教师在全国职业院校技能大赛和教学能力大赛中指导学生或自己获奖,成长为职业院校的教学名师和业务骨干。职业院校教师素质提高计划还设置了卓越校长专题研修项目,通过开设集团化办学、校企合作、现代学徒制、学校治理、中高职衔接、专业设置与建设、教师队伍建设等内容,提高了校长改革创新意识、决策领导能力、依法办学和治校能力,为各地培养了一批具有较高知名度、精通现代学校治理的"教育家"型名校长。

(二)助推专业课教师成长为"双师型"教师

2011—2019 年,通过设置教师企业实践项目,组织专业课教师到行业企业实践或组织教师到实训基地参加技能训练,学习掌握产业结构转型升级及发展趋势、前沿技术研发、关键技术应用等,以及企业的生产组织方式、工艺流程、岗位(工种)职责、操作规范、技能要求、用人标准、管理制度、企业文化、应用技术需求等内容,一大批参训教师在原有理论教学的基础上,显著增强了实践教学和指导能力,成为职业院校"双师型"教师,职业院校"双师型"教师数量持续增长。

(三)优化"双师型"教师队伍结构

2011—2019 年,支持职业院校面向战略性新兴产业、高新技术产业等国家亟须特需专业及技术技能积累、民族文化传承与创新等方面专业设置兼职教师特聘岗位项目，一批企业工程技术人员、高技能人才、能工巧匠到学校兼职任教。通过聘请行业企业高素质高技能人才、工程管理人员、能工巧匠到学校来兼职任教，有效解决职业院校专业课教师数量不足和专业技能不高的问题，职业院校教师队伍文化基础课和专业课教师比例更加合理。

（四）形成教学创新团队

通过设置中高职衔接专业教师协同研修、紧缺领域教师技术技能传承创新平台建设项目，支持教学名师和行业企业技能大师、大国工匠在职业院校建立名师工作室或技能大师工作室，组织团队开展理实一体课程开发、行动导向的教学实践与演练、教科研交流与项目合作，协同提升教师实践教学能力、科研教学能力、研究协作能力等培训，共同研究开发中等和高等职业教育人才接续培养课程、教材及数字化资源；组织团队开展新技术技能的开发与应用、传统（民族）技艺传承、实习实训资源开发、创新创业教育经验交流，提升教师专业实践操作技能、技术应用与创新能力等，营造以团队开展教学研讨的氛围。

（五）培养教师培训专家队伍

通过组织培训专家团队，对团队内专家进行专项培训和团队研修，通过学习培训需求诊断、教学设计实施、课程与数字化资源开发、核心技能创新与推广、工作室（平台）主持和绩效考核评估等内容，培养专家能力，提升培训项目组织实施能力。教师培训专家通过参与职教师资培养、教学大纲和教材的开发等项目，完成职教师资本科专业的培养标准、培养方案、核心课程和特色教材的研发，有效提升专家在项目教学、基于工作过程教学、模块化教学方面的能力。

第三节　教师培训存在的不足

一、培训过程缺乏灵活拓展性，内容偏于陈旧

（一）师资培训模式比较单一

虽然《职业院校教师素质提高计划（2017—2020 年）》设置的项目较多，且对不同项目要求以多种模式进行。但在实施的过程中，大多数培训还是采用一次性的集中培训，培训方式依然以讲授式、体验式和观摩式培训等为主，而项目式、探究式、研讨式和分阶段等模式没有广泛应用，课程内容模块之间的连接性、进阶式等考虑不足，学员学的知识和技能还是多为单项式、分散式、碎片化。

（二）培训项目供求错位

首先，承接培训院校在与委托方、学员的事前培训需求的调研上，缺乏有效的沟通，导致培训方案的目的性、针对性不强，缺乏精准培训的效能。其次，培训项目之间缺乏系统性设计，培训班次内的各专题系统性不够，培训之间缺乏相互的关联度，学员培训结束后，培训对其立足教学实际以及个人发展不能提供有效的帮助。最后，培训项目设置精准度不够，培训是统一时间、统一培训课程内容、统一培训要求。但培训教师来自不同地区和不同院校，培训需求、参训目的、面临的困惑各不相同。在统一的组织模式下，针对性较弱，难以满足不同学校不同教师个性化的学习需求。

（三）优质的培训资源供给不足

1. 课程资源匮乏

课程资源的多样化是满足参训教师个性化学习的前提和基础。当前教

师培训的多种类、多层次课程资源仍较为匮乏，难以满足教师需求。表现在可供委托单位、参训学员选择的"套餐式""菜单式"的课程资源缺乏，导致受训学员被动式地"就菜吃面"。

2. 优秀教师短缺

"接地气"的职教理论专家缺少，能够指导教师开发新课程的一线专家不多；符合复合型技术技能人才、"双创"意识与能力技术技能人才培养要求，且具备新教学模式的"双师"素质结构的教学团队不足；因缺少行业、企业培训师或缺少行业、企业经历的院校培训师，培训与产教融合的衔接度低。缺少专门训练的职教培训师队伍，特别是缺少"能文能武"、能够将院校培训规范与社会培训方式有效结合的培训师。

3. 实训与研修设施与条件不足

校企共建、校校共建的培训基地不能满足培训的需要。调研数据显示，43.72%的参训教师认为在具体培训过程中存在的主要问题是培训方式不太灵活，仍然以讲授为主。28.19%的参训教师认为培训设计与实际需求偏离，不能很好地满足参训需要。其他问题包括：21.08%的教师认为培训后的追踪名存实亡，18.87%的教师认为培训评价流于形式，9.78%的教师认为培训机构的专业性不强，6.33%的教师认为培训师资水平不高（见表6－9）。

表6－9　培训存在的问题　　　　　　　　　　　　　　　单位:%

培训问题	选择比例
培训设计与实际需求偏离	28.19
培训机构专业性不强	9.78
培训师资水平不高	6.33
培训方式以讲授为主	43.72
培训评价流于形式	18.87
培训后追踪名存实亡	21.08
基本没有问题	43.45

二、省级实施缺乏统筹能力，执行分化不均衡

（一）跨区域教师培训组织协调难度大，统筹多元性优势不足

目前，中高职随着区域产业结构调整升级，专业调整频繁，战略性新兴专业、特色专业教师不足，导致培训组织困难。特别是，各地往往一个新兴专业和特色专业只有 1 ~ 2 所学校有，很难单独组班开展培训，需要协调全国各地的教师一起组班。由于职业院校教师素质提高计划分省实施后，项目承担机构需要通过招投标或评审确定，导致同时确定同一个项目承担单位的概率较小，多数地方特色新兴专业、特色专业教师参加培训的难度加大。同时培训过程缺失多元性，导致国家级培训学员的人员组成如同省级培训一样，全部为本省籍学员，失去了"十一五""十二五"期间一个职教国培班可能来自 30 个省的多元性特点，不利于学员进行跨区域交流与学习。

（二）项目招标机制增加基层实施培训成本

"十三五"期间培训的组织方式改变，因各省要求不同，部分省采取基地招投标五年一周期。各年度采取项目申报制，有的省采取项目分年度招标形式。招标机制的要求给各参与基地的人力、物力带来了不必要的麻烦。为了应标，基地需要花大量的人力、资金用于标书的采购、制作、邮购甚至到现场参与投标，还需投入大量的投标保证金，非常麻烦，而且中标率非常低，导致很多基地因为投标环节过于烦琐而放弃。

三、教师参训积极性下滑

（一）工学矛盾突出导致培训安排困难

长期以来，职业院校教师补充机制不畅，生师比一直偏高。生师比高导致职业院校教师教学工作量大，参加培训的教师多，学校的教学工作安

排就困难，导致在学期中举行的教师培训，培训班级报到率不高，培训实施效益低。

（二） 培训机会增多导致需求满足趋向饱和

各职教培训基地在组织实施培训过程中，"十一五"期间因为无论是中职学校的领导，还是教师，都认为能够参加国家级培训是一种荣誉，所以培训学员的报到率相对非常高。后来因为国家对素质提高计划的持续开展，加之国家级示范校等建设项目同时开展，职业院校教师能够参与各级各类培训项目的机会越来越多，导致"十二五"特别是"十三五"期间培训学员报到率相对较低，如果省级教育行政部门采取督促措施有效，那么该省教师培训报到率就会较高；如果仅凭学员自行报到，基地组织学员就会非常困难。

（三） 职业院校对教师培训的支持力度不够

教师培训是实现教师专业化发展的有效途径之一，是促进职业院校教育教学改革、提升办学质量的有效方法。然而，有些职业院校并不重视国家给予的好机会，在选派学员上十分随意，多年重复派一名教师参加培训、派项目要求不对口的教师参加培训、有名额不派教师培训的现象经常出现，把派教师参加国家级培训作为一项任务完成，并没有把教师培训作为实现学校教育教学改革的重要抓手，作为破解学校发展难题的重要措施。

四、培训绩效评价结果运用力度不够，教师培训成果运用和转化力不足

（一） 绩效评价没有形成推力

《职业院校教师素质提高计划项目管理办法》提出："各省级教育行政部门要依托相关机构，做好项目的统筹管理、安排部署和组织实施工作，加强对项目实施过程的监管，确保达成年度项目绩效目标。""各省级教育

行政部门要制定本地区、本单位绩效考评标准，提出区域绩效目标、实施期绩效目标、项目绩效目标和年度绩效目标，采取自我评估、匿名评价、专家抽评、第三方评估等多种方式，对项目承担单位进行绩效考评。"然而，各地在实施的过程中，有规划、有绩效评价，但缺乏明确的绩效目标导向，运用绩效评价的结果进行基地动态调整作用不明显。目前，培训机构能培训什么就开设什么样的培训课程，没有根据职业院校教育教学改革和参训学员专业成长的真实需求开设课程。在培训的过程中，校企合作开展培训少，课程学科性强，职业性弱，基于真实工作任务让学员体验真正的工作实践少。实际培训中，仍然存在集中讲授课程多，做中学、做中教项目实践课程少，培训方式与职业教育方式结合不紧密，很少聘请行业企业一线高素质技术技能人才、职业院校优秀教师给学员上课等情况。

（二）素质提高后的成果转化动力不足

教师培训的成效主要看参训教师能不能将所学应用到学校教育教学改革中去，能不能改善教育教学实效。各地在加强成果管理、强化培训成果转化方面的政策和制度不具体。职业院校也没有有效建立培训成果转化的环境和激励机制，教师进行成果运用和转化的动力不足。培训机构在进行训后跟踪指导，促进成果转化的方法不多，导致训后指导成为空谈，实效性不高。标准建设是提升人才培养质量的抓手。目前在职业教师能力素质方面，还缺乏深度开发的以职业能力清单和学习水平为核心内容的专业教学标准，职业教师在人才培养过程中缺乏专业依据，职业教师培训目标含糊不清，职业教师综合素质整体提升与培训监测缺乏制度保障。

第四节 改进教师培训的对策建议

一、升级实施国培计划"4.0"

师资国培计划对于提高职业院校教师素质能力，培育高质量职教师资队伍，引领我国职业教育迅速发展起到了至关重要的作用。下一阶段，在充分总结前期经验的基础上，需要进一步完善"双师型"特色教师队伍培训制度，研制《深化新时代职业教育教师队伍素质提高计划实施方案》。建立健全分层分类的职教教师专业标准体系，明确新时代"双师型"教师素养的国家要求。持续推进职业院校教师素质提高计划更新迭代，打造4.0升级版的"职业院校教师素质提高计划"，分级打造师德高尚、技艺精湛、育人水平高超的青年骨干教师、专业带头人、教学名师等高层次人才队伍。

二、建立部本级示范引领的分层项目实施机制

针对高层次人才培训项目（教学改革高级战略研训、校长战略能力提升、卓越教学创新团队建设等项目），由教育部统一组织实施，各地根据项目设置和安排指导职业院校限额申报。其他国家引领项目（"三教"改革团队研修项目、"1＋X"证书制度试点师资培训项目、新教师教学规范化培训项目、教师信息化教学能力培训项目、教师企业跟岗实践项目、兼职教师特聘岗项目）由教育部提出整体规划，各地具体组织实施。教育培训是针对"人"来实施的项目，不等同于物资类项目，在各省具体实施时，不建议采取劳民伤财的招投标方式。此外，因为培训成本存在非常大的差异性，应统一各类职教教师国家级培训标准，以便约束个别省份将职业院校教师培训经费标准与"中小学教师国培计划"标准一致。

三、重点推行团队研修和分类培训模式

团队研修是社会化经验学习的一种方式，可以聚集众人之所长，共同来研究、讨论、解决教育教学中的问题，是破解"双师型"教师既讲授理论课程，又进行实践教学，无法靠个人力量做好难题的有效解决方式之一。国培计划应结合国家创新团队的建设，具备团队攻关意识。在聚焦战略重点领域的基础上，通过团队研究，制订一系列教学解决方案，通过团

队进行基于工作过程的模块化教学。

分类培训是有计划、有层次、有步骤根据教师专业成长规律，帮助教师从新手教师成长为专家型教师的有效办法。一是分阶段。一个阶段 1~2 个课题，学会并进行转化后再进入下一个阶段，让教师培训充满实效。二是分对象。按培训对象分类组班，包括：国家名师（团队）、领军人物、名师后备人选、教学副院长、教研室主任、专业带头人、骨干教师、教学新秀等，以便按照同一标准实施主题培训。设立名师名课教师培训项目，对领军人物、国家名师等进行"未来教育家"定向、专项培训。三是分专业。可按专业大类遴选优质的师资、课程资源等，供各承接单位根据需要对接；也可开发国培的线上资源，同步选修。四是分模式。改革培训分模式，解决教师的多元需求，如"双师型"访学、工作室、工作坊、跟岗师带徒等小班化培训；还可以开展团队式培训，由导师领衔（如万人计划、名家名师），采取挂职跟岗等方式进行研修式培训；倡导"研学培用一体化"培训等。

四、切实推进培训所学落地转化工作

强化培训成果落地，就是真正让培训支持教师专业发展和学校事业发展。参训教师回校后将所学进行落地转化是培训产生实效的最终环节，行为改变才能证明培训有效。各地要指导职业院校建立本校教师培训成果落地转化的激励政策和环境，引导支持校长和教师坚持学以致用、重在实践的理念，要将培训所学的知识和技能与本校教学工作实际相结合，推进培训成果转化，有效改进学校教育教学工作。培训机构也要将推进培训所学落地转化工作作为跟踪指导的重要环节，保证培训的实效。

贯彻落实《国家职业教育改革实施方案》意见，对接新理念、新技能、新要求、新标准的要求，开展"1+X"证书试点、"三教"改革、专业群建设、育训结合人才培养模式、课程思政、"双师型"教师、多元教学评价等专题培训。此外，要继续提升技能的培训，如教学成果奖培育、教科研能力提升、教师教学能力大赛、教师指导学生大赛、混合式教学等带有实战性的专题培训，不能听听讲座即可，而是需要有实战探索、导师指导、成果展示交流等，建议把分散实践与指导作为整个培训项目的重要内容持续抓下去。

五、加强职教师资培养培训基地建设

提高职教师资培养培训服务能力需要加强培训基地建设。贯彻落实国务院《国家职业教育改革实施方案》"职业院校、应用型本科高校教师每年至少1个月在企业或实训基地实训"的要求。2019年，教育部等四部门印发《深化新时代职业教育"双师型"教师队伍建设改革实施方案》要求"探索建立新教师为期1年的教育见习与为期3年的企业实践制度"。这些都需要加强职教师资培养培训的服务能力。加强基地建设最关键的是加强培训教师队伍的建设，因此需要保持一支稳定的培训教师队伍，有效提升培训教师的培训课程设计、开发、实施、评估能力。

六、积极推进培训信息化和信息技术应用培训

培训信息化是当前培训的客观要求，通过翻转课堂、线上线下混合培训模式，有效解决工学矛盾和跟踪指导困难等问题，要求培训机构的培训师熟练掌握信息技术，通过微课、慕课、直播等形式加强前置培训课程的学习，提高线下培训的效率，通过网络研修、在线研讨等形式指导成果生成与转化。同时，在教师培训模块中设置信息技术应用模块，支持职业院校教师适应信息技术的发展，掌握现代教育技术，实现信息化教学。

创新线上与线下结合的培训模式，以解决工学矛盾。推进导师制的培训模式，实行校内校外"双导师"培训模式。实施委托单位、承接单位"双班主任"管理模式（委托单位跟班管理），以加强、优化培训管理工作。加大培训平台建设力度。不断积累、丰富在线培训课程资源，加强优质培训课程资源建设，以满足学员多样化培训需求。

七、建立跨区域培训组织协调机制

针对单个省份难以组织培训的专业、职业教育薄弱地区特殊培训需求等情况，通过需求调研确定年度培训班，通过全国统一组织的形式开展培训。对于单个省份难以组织培训而全国能组班的专业项目，遴选全国职教师资培养培训基地优质资源，通过集中培训、网络研修的形式开展培训；对于职业教育薄弱地区的特殊培训需求，遴选全国职教师资培养培训基地或通过组织职业教育专家团送培到校（地区）、现场指导等形式进行定向培训。培训时长根据项目的主题、内容确定。一是分类实施培训项目。东西部地区发展不平衡，教师的基础条件与工作环境不同，假若用同一个标准、模式、要求，均不能满足东部或西部地区职业院校教师的需求。一些教师外出培训后，觉得一些培训内容不够"解渴"，需要有一些内涵深刻、内容新颖、聚焦难点的培训。二是推进结对式培训。结对实施一对一帮扶；推出专项的结对培训项目，可以是集中培训，也可以是挂职、访学、跟岗培训等；或者是支援院校组成培训团队到受援院校实施培训。

第七章 面向职业教育国际化的
职业院校教师队伍建设

随着全球教育国际化特别是高等教育国际化进程的持续推进，职业教育国际化的内生动力、推动条件和外部保障水平也在不断提高。深化职业教育国际化建设，既是推进构建人类命运共同体进程中彰显中国担当的教育策略，也是实现职业教育高质量内涵式发展的必经之路，具有重要的理论意义和实践意义。教师是教育之本，实现职业教育国际化要把职业教育教师国际化摆在重要位置，职业教育教师国际化程度反映了职业教育的国际化水平，因此必须深入推进职业院校教师队伍的国际化建设。教师国际化是指在外界（如政府和高校）的推动下，教师有目的、有意识地开展各种活动，将国际化的、跨文化的、全球性的维度融入自身的教学、科研和服务过程中，以提升教学和研究质量，为提高院校国际化水平做出有益贡献。❶

第一节 新时代职业教育国际化的发展

教育作为构筑国家文化安全防线的堡垒和推进国家文化战略的手段，一直以来在世界的舞台上交流互鉴、谋求发展。经济全球化的发展，一方

---

❶ 李慧. 教师国际化：悉尼大学国际化发展之基石［J］. 扬州大学学报：高教研究版，2022，26（4）：58－66.

面，为具备国际化高水平和国际竞争力的技术技能人才提供了良好的成长成才机遇；另一方面，也对技术技能人才提出了更高标准、更高质量的要求，职业教育国际化成为我国职业教育发展的应有之义，新时代必须持续推进职业教育国际化的发展。

一、职业教育国际化发展的现实意义

职业教育国际化是指以系统思维为引导，创新职业教育国际化发展的理念和模式，促进职业教育国际化的组织管理构架、组成要素结构、"引进来"与"走出去"等协调发展，从而迈向更高水平、更加均衡、更可持续的目标。❶ 从教育要素来看，职业教育国际化涵盖了几个重要方面，即职业教育理念、专业教学标准、管理机构模式以及人才培养达到国际化水准。2022 年 12 月，中共中央办公厅、国务院办公厅印发的《关于深化现代职业教育体系建设改革的意见》提出"创新国际交流与合作机制"。从宏观政策来看，把职业教育体系建设改革纳入中国职业教育国际影响力的维度中，这个意见锚定了我国职业教育未来的发展方向，为中国职业教育走向更宽阔的国际化大舞台提供了政策遵循。从具体实施举措来看，包括打造一批高水平国际化的职业学校，推出一批具有国际影响力的专业标准、课程标准，开发一批教学资源、教学设备等。职业教育国际化具有积极应对全球经济一体化对高质量技术技能人才需求、主动服务我国国家对外开放战略、响应"一带一路"倡议、实现高质量内涵化发展的四重实践价值。

（一）职业教育国际化人才培养的必然要求

随着经济全球化的加速推进，各种经济资源在世界范围内日益广泛而深入地进行自由流动和"合理"配置，国际合作程度逐渐加深、范围持续

---

❶ 李瑞林，李正升，张兴涛. 职业教育国际化高质量发展：价值意蕴、现实困境与推进策略［J］. 中共云南省委党校学报，2022，23（6）：164 – 172.

扩大、要求逐渐提高，需要大量高素质国际化技术技能人才作为强有力的资源支撑，但同时也对人才的各方面素质提出了更高的要求。发展职业教育的目的之一就是要培养出更多高素质技术技能人才，这就要求必须要实现职业教育国际化，重视教师的国际能力培养，培养出更多更全面、更高素质、综合型、国际化的技术技能人才。职业教育一定程度上要服务国际产能合作，首先要加强培养国际产能合作急需的国际化人才。职业教育国际化人才是指职业教育培养出来的，能够满足国内跨国企业或者国内涉外公司岗位需求职业能力的毕业生。职业能力是指从事某种职业所需多种能力的综合，可以从三方面来概括：胜任具体岗位的任职资格、步入职场后的职业素质和职业生涯管理能力。从职业能力的角度看，职业教育国际化人才，首先要掌握专业知识，尤其是掌握国际通用专业技术标准，具有国际认可的职业资格标准；其次在职场中具有国际视野，具备外语应用能力和跨文化沟通合作能力；最后是自我发展能力和终身学习能力。国际化人才培养需要职业教育在专业标准上与国际接轨，要求学生具有跨文化交流能力，在学生职业发展上，要培养学生在国际竞争中把握发展机遇的能力，培养学生的主动进取精神。当前，我国职业教育国际化水平总体还较低，职业教育开放程度较低，专业设计和教学内容甚至跟不上国内产业快速升级发展的步伐，在人才培养方面仍是薄弱环节，国际合作交流广度与深度与职业教育高质量内涵式发展未达到供需平衡，亟须提升职业教育国际化水平，实现国际化发展。

（二）服务国家对外开放战略的应有之义

教育对外开放是统筹国内国际两个大局，实现我国对外开放不可或缺的重要组成部分，是我国现代化建设的重要推动力。[1] 党的十八大以来，教育对外开放的基础和条件发生了深刻变化，在开放发展理念指导下，我国追求更有质量、更高水平、更可持续的全面对外开放。在国家宏观政策

---

[1] 徐小洲，阚阅. 跨入新全球化：新时期我国教育对外开放的挑战与对策 [J]. 教育研究，2021，42（1）：129–137.

层面的引导下，从初期的框架构建逐步转向内涵建设，职业教育对外开放的顶层设计持续优化，推动我国教育对外开放事业从改革开放初期的"摸着石头过河"向系统性、整体性和协同性的科学决策发展。[1] 2016 年，中共中央印发《关于做好新时期教育对外开放工作的若干意见》强调，全面贯彻党的教育方针，以服务党和国家工作大局为宗旨，统筹国内国际两个大局、发展安全两件大事，坚持扩大开放，做强中国教育，推进人文交流，不断提升我国教育质量、国家软实力和国际影响力，为实现"两个一百年"奋斗目标和中华民族伟大复兴的中国梦提供有力支撑。这是党和国家第一次专题就中外人文交流工作专门制定的文件，标志着我国教育对外开放工作开启了新阶段。2018 年 1 月 23 日中央全面深化改革领导小组第二次会议审议通过《关于推进孔子学院改革发展的指导意见》，这是党的十九大后，第一个被中央全面深化改革委员会审议通过，针对教育对外开放领域的顶层设计文件。[2]

随着国家政策的逐步推进，教育对外开放的各项工作要求逐步细化，《教育部 2022 年工作要点》更加明确具体地指出，教育要为构建新发展格局提供坚强支撑，要培养一大批具有国际竞争力的优秀青年人才，大力加强人才国际交流，举办国际性职业教育大会等工作。职业教育国际化作为教育对外开放的重要组成部分，需要从国家战略的高度，让职业教育高水平对外开放和中国对外开放同频共振、共同发展。2022 年 5 月颁布的《职业教育法》赋予了职业教育更加明确的法律定位，以新定位促发展，将其作为与普通教育平等发展的类型教育。职业教育与普通教育虽然类型不同，但同等重要，想要实现职业教育更好的发展，也就必须看到职业教育与普通教育在国际化办学方面的差距。过去很长一段时期中，中国推进教育国际化，主要聚焦在普通教育的国际化，如引进海外知名大学到国内合

❶ 张慧波，岑咏. 新时代职业教育对外开放：作为、难为与何为 [J]. 职教论坛，2021，37 (10)：6 - 10.

❷ 熊建辉. 互容 互鉴 互通：新中国 70 年教育国际交流与合作之路 [EB/OL]. (2019 - 09 - 23) [2023 - 03 - 22]. https：//mp. weixin. qq. com/s? __biz = MjM5MTg0NDMyMw = = &mid = 2649363330&idx = 1&sn = 37d883ca8c28ec947cb25af3b74647b7&chksm = beb1e10e89c66818879da81236 e0a360053a309e5202e9e940b96a244b32734321508320ae54&scene = 27.

作办学、建设中外合作办学大学或者中外合作项目。而职业教育的国际化，并不太受社会关注。实际上，相比普通教育，职业教育也有优势，比如职业教育有更大的国际化办学空间，新时代职业教育对外开放与人类命运共同体有更高的契合度，有利于解决国际合作中的"错位"问题等。

（三）"一带一路"倡议迫切要求职业教育国际化

职业教育国际化响应"一带一路"倡议。2013 年，为应对世界复杂经济形势，应对国际投资贸易格局调整，国家主席习近平提出"一带一路"倡议，即借用古代丝绸之路文化符号，积极发展中国与"一带一落"沿线国家的区域合作，在经济要素、资源配置、市场融合上构建更加协调、更加高效、更加有序的国际氛围。最近几年来，中国企业在"一带一路"沿线国家"走出去"的数量多、投资额度高、产业领域广，所需人力资源支撑体量大。一些发展中国家没有成熟的产业和完善的职业教育人才培养体系，基础设施、高新技术和先进制造、能源资源、农业、服务业、建筑业、交通运输业等多个行业呈现人才洼地状态。与此同时，中国企业也需要大量职业技术工人，这就急需中国职业教育"走出去"，在当地培养懂中国技术标准、懂汉语、懂设备操作的技能型工人和懂项目管理、运营、维护的管理型人才，帮助企业降低人力成本、了解本地社会背景、促进民心相通，也有利于展示新时代中国良好的国际形象。2022 年，党的二十大报告对"一带一路"建设成效给予高度评价，认为"共建'一带一路'成为深受欢迎的国际公共产品和国际合作平台"。作为教育领域对外开放的重要板块之一，职业教育成为国际交流合作的重要内容，为深化国际合作，建设"一带一路"发挥着重要作用，职业教育国际化服务于我国"一带一路"建设沿线国家人才培养需要的国际化高素质人才，具有宽广的国际化视野、强烈的创新意识、通晓国际规则、有较强的外语沟通能力、在全球化竞争中善于把握机遇和争取主动的各领域专业技术和管理人才需求呈现井喷状态。契合我国"一带一路"开放发展趋势，推进我国"一带一路"高质量建设，对职业教育人才培养提出了时代要求。

（四）满足高质量内涵化发展的时代需求

职业教育国际化是职业教育自身价值创造的重要彰显。党的十八大以来，随着我国改革开放进程的持续推进，各领域、各行业需要越来越多的"大国工匠"，想要培育大国工匠，实现职业教育高质量发展势在必行，职业教育的影响力和吸引力越来越强，随着以高质量职业教育助力高质量发展的进行，具有中国特色的职业教育发展道路和发展模式逐步形成。据统计，我国有 1.13 万所职业院校、3088 万名在校生，在现代制造业、战略性新兴产业和现代服务业等领域，一线新增从业人员 70% 以上来自职业院校。❶ 职业教育不仅服务社会经济发展，而且对个人成长成才起着至关重要的作用。站在新的历史起点上，职业教育想要实现高质量内涵式发展，如何能破题？很长一段时间以来，我国职业教育发展途径和方式，以借鉴国外已有成熟的经验为主，比如借鉴德国双元制、澳大利亚 TAFE 学院模式、美国综合高中等发展模式，国外先进的理念为优化我国办学要素、调整符合我国国情的办学方向、对接和参与国际标准制定、形成中国特色的职业教育模式等方面做出了贡献。但是由于所处发展阶段的问题，我国职业教育发展以吸收借鉴国外经验为主，这是对国际规则的被动适应，进入新时代，实现职业教育高质量内涵式发展的需求越来越迫切，从借鉴到创造、从被动学习到主动构建，我国在构建具有中国特色、适合中国国情的职业教育模式中进行了主动探索，也取得了一些成效，我国职业教育经过多年的发展，从层次走向类型、从政府主体走向多元参与、从规模扩张走向内涵发展，以自身高质量发展肩负起培养多样化人才、传承技术技能的使命。❷ 当前，我国职业教育已经从"单向引进借鉴"走向"双向共建共享"，初步形成了具有中国特色的职业教育国际化发展模式，实现了自身价值创造，形成了中国特色的成功经验，提升了职业教育国际化水平。

---

❶ 职业教育前途广阔大有可为 [EB/OL].（2021 - 04 - 29）[2023 - 03 - 21]. http://opinion. people. com. cn/n1/2021/0429/c1003 - 32091154. html.

❷ 职业教育这十年：培养数以亿计的高素质产业生力军 [EB/OL].（2022 - 05 - 25）[2023 - 03 - 20]. http://www. gov. cn/xinwen/2022 - 05/25/content_5692164. htm.

二、职业教育国际化发展的原则及实现路径

相比普通高等教育国际化，我国职业教育国际化还处于水平层次较低的初始阶段。但实现职业教育国际化发展，不只是教育部门的任务，更需要经济发展部门、财务部门、人社部门等多方力量协调配合、共同努力。从国家层面看，一是要加强职业教育国际化制度顶层设计，二是加大职业教育国际化项目财政支持力度，三是积极搭建国际化交流平台。从学校层面看，一是提高职业教育院校的国际化意识，二是确保组织和制度保障。职业教育国际化是我国职业教育办学走出国门，走上世界舞台，应对世界挑战，积极树立中国品牌的过程，注定是一段艰难而漫长的进程。

（一）加强职业教育国际化制度顶层设计

稳步推进职业教育国际化是一项错综复杂的系统工程，既涵盖文化、观念、技术、制度等宏观要素，又包括人力、资金、设备资源、信息等微观成分，还涉及政校行企多界别主体和跨文化差别，其发展是一个由表及里、层层递进的渐进式发展过程。❶想要将这些基本构成要素有机整合，需要从宏观上制定切实可行又能涵盖各要素的整体发展思路和具体发展框架，即符合本国国情的职业教育国际化长期规划。从世界范围内大学国际化经验来看，各国教育国际化均离不开国家层面强有力的战略规划。20世纪60年代，美国已经认识到开展国际教育交流的重要性，制定实施新的《国际教育法》，从立法的角度为发展职业教育提供了法律依据、厘清了教育国际化发展方向。从教育文化发展方面看，美国在国际教育方面的相关立法具有重要意义，使教育的发展成为与世界对话、与世界沟通的桥梁，为世界其他国家开展国际教育合作、进行各国师生间交流等提供了可借鉴的参考范本。随着国际化进程的持续推进，20世纪80年代美国的高校在

---

❶ 邱懿，何正英，杨勇. 稳步推进职业教育国际化：基础、遵循与借鉴［J］. 中国职业技术教育，2022（29）：34－41.

联邦政府的支持和帮助下，开始实施国际化战略。如美国国家科学基金会和国立精神卫生研究所大力支持科学、工程学领域的国际研究活动，国务院以及教育部鼓励语言、文化、政策等领域的区域研究。❶ 1995 年，欧盟实施了一项综合教育计划——"苏格拉底"计划，实施周期为 12 年，实施该计划的目的是推动和提升欧盟成员国之间的教育国际化，进而推动欧盟的教育事业整体走上新台阶；在 2014 年启动了规模更大的"伊拉斯谟＋"计划，在更大范围、更大资助力度基础上，继续实施教育交流与合作，取得了很大的成效，共资助 400 多万人出国学习、培训，其中有 65 万职业教育学生出国参加学徒培训或实习，其辐射范围和支持力度都有力地促进了欧盟区域教育的国际化。❷ 20 世纪 90 年代，澳大利亚在《国家战略规划（1995—1997）》中明确提出，要加强职业院校与世界的联系，将其看成是职业教育国际化的第一个维度，同时采取多种手段增强与国际上其他国家职业院校的合作交流，让澳大利亚能够积极地在国际舞台上展示国家形象，更好地适应经济、政治和社会环境的变化，更为充分地融入世界发展的浪潮。为此，澳大利亚对政府、行业企业、第三方机构在职业院校国际化中扮演的角色进行了界定与明确，强调在承担各自责任的同时充分发挥合力，形成强有力的协同运转链条；同时也将目光延伸到海外市场，积极采取方式不断进行海外市场拓展，根据不同的国家与地区制定差异化的拓展战略，提供境外职业教育，将职业院校国际化作为 TAFE 学院的鲜明特征。❸ 由此可见，世界上教育国际化较为成功、经验较多的国家都从国家层面进行了充分的顶层设计，设置了明确的国际化目标，甚至制定了相关法律，国家通过以上措施整体布局学校国际化办学发展理念、发展方向和实现路径，并围绕目标制定具体的、可执行的政策和项目，不断推进其国际化的进程。

---

❶ 朱治亚，王海艳，潘荣杰. 美国高等教育国际化竞争力研究及其启示［J］. 黑龙江高教研究，2020（12）：68 - 74.

❷ 瞿亚森. 论新形势下的高职国际化人才定位与培养目标［J］. 苏州市职业大学学报，2017，28（4）：75 - 79.

❸ 邱懿，何正英，杨勇. 稳步推进职业教育国际化：基础、遵循与借鉴［J］. 中国职业技术教育，2022（29）：34 - 41.

（二）加大职业教育国际化项目财政支持力度

经费支持是开展国际合作的重要条件。当前我国教育国际化财政支持不仅包括出国留学教育和来华留学教育，也包括中外合作办学、国际教育援助以及人员、服务和机构等方面的发展。具体可表现为探索形式多样的中外合作办学模式、成立教育国际化的相关服务机构、出台相关政策与经费管理规定等。❶ 目前我国职业教育国际化竞争力很难实现国际项目盈利，因此国际化过程主要依赖外部经费投入。相对普通教育，我国职业教育经费投入普遍不足，2019 年，全国职业教育经费总投入虽然首次突破 5000 亿元，占全国教育经费总投入的 10%，但增速仍然低于全国教育经费增长水平。2019 年全国中职教育规模占高中阶段教育的 39.44%，经费占比仅为 33.86%；高职教育规模占高等教育规模的 44.43%，经费占比仅为 17.84%，可以说规模与投入极不匹配。近年来，中职与普高的财政性教育经费投入都呈现大幅增长趋势，但两者的差距却在拉大，中职生均教育经费由高于转为低于普高水平。2010 年，我国中等职业教育生均经费为 4842.45 元，普通高中为 4509.54 元，中职生均经费高于普通高中；2020 年这一数据分别为 15625.03 元和 17187.02 元，中职生均经费已经低于普通高中。❷ 中职学校办学条件不达标问题依然存在，一些指标仍未达到《中等职业学校设置标准》；中职学校教师队伍建设滞后，缺编严重，"双师型"教师缺乏，距"50%"的要求还有很大差距。在职业教育总投入经费有限的情况下，分给职业教育国际化投入的经费就更少，且目前多为临时性的或者专项资助，常态性投入较少，需要建立健全职业教育国际化财政保障的制度化框架，加大职业教育国际化项目经费投入。

（三）积极搭建高层次国际化交流平台

职业教育国际化平台是我国职业教育走向国际教育舞台的重要"桥

---

❶ 曹萌，孟久儿."一带一路"战略背景下我国的教育国际化：基于财政支持视角的分析 [J]. 未来与发展，2017，41（4）：95-98，65.

❷ 数据是作者依据历年《全国教育经费执行情况统计公告》和《教育统计数据》整理得到。

ZHIYE YUANXIAO JIAOSHI GONGZUO SHENGHUO ZHILIANG YANJIU

梁"，对深化职业教育国际合作、提升国际化发展水平具有重要作用。❶ 更大更广泛的国际合作平台，为员工流动、研究和教育合作、学生交流以及国内教育和研究提供了最多的机会。❷ 国际化交流平台要围绕提高职业教育办学水平、对外合作和服务国家对外战略三个目标展开，稳步推进现有国际化交流平台，继续发挥已有平台的成效。欧洲地区，在形成中欧"双元制"的模式下，打造产教融合平台，如打造"中国—中东欧国家职业院校产教联盟"，目的是加强世界各国联系，以合作共享为立足点，与德国、法国、瑞士等资质优秀的企业进行深入的资源、人才等方面的合作，充分发挥平台优势，促进互利共赢，适应欧洲地区的基本特征和基本需要。非洲地区，为了凝聚职业教育共识，进行"未来非洲—中非职业教育合作计划"，成立"中非职教合作联合会"，以搭建平台、整合资源为契机，切实加强与非洲地区职业学校的互学互鉴、资源共享。面向东南亚地区，实施"中国—东盟双百职校强强合作旗舰计划"。2022 年，主办金砖国家职业教育联盟大会，成立金砖国家职业教育联盟，举办金砖国家职业技能大赛，积极推动金砖国家加强职业教育领域交流对话。伴随中国企业和产品"走出去"，服务共建"一带一路"，职业教育已与 70 多个国家和国际组织建立了稳定联系，与 19 个国家和地区合作建成 20 家鲁班工坊，在 40 多个国家和地区合作开设"中文＋职业教育"特色项目，培养了大批懂中文、熟悉中华传统文化、当地中资企业急需的本土人才，并帮助"一带一路"国家培养技术技能人才，助力合作国家工业化进程。❸ 要持续发挥这些平台汇聚资源、信息沟通的作用，促进职业教育国际化发展。

（四）提高职业教育院校的国际化办学理念

职业教育国际化最终体现为职业院校办学的国际化和学术研究的国际

---

❶ 职业教育国际化平台的构建与功能发挥［EB/OL］.（2020 – 09 – 15）［2023 – 03 – 21］. https：//www. gdgm. edu. cn/kyc/2020/0915/c310a31105/page. htm.

❷ 李慧. 教师国际化：悉尼大学国际化发展之基石［J］. 扬州大学学报：高教研究版，2022，26（4）：58 – 66.

❸ 教育部：中国特色职业教育国际化发展模式逐步形成［EB/OL］.（2022 – 08 – 17）［2022 – 12 – 17］. https：//m. gmw. cn/baijia/2022 – 08/17/1303096516. html.

化，职业院校是决定我国职业教育走向世界舞台、彰显中国职教品牌的主体。随着教育高质量发展的要求，我国重视高等教育国际化，打造出了一批高水平国际知名大学。相比于普通教育，我国职业教育的定位发生了变化，其不再是处于从属地位，其作为类型教育的发展，起始于 2019 年国家实施的《国家职业教育改革实施方案》，从宏观政策导向上界定清楚了职业教育在国民教育体系中的重要作用、战略定位，即职业教育与普通教育是两种不同教育类型，具有同等重要地位。有了明确的界定后，政策不断对其进一步进行优化和完善，2021 年全国职业教育大会提出优化职业教育类型定位，建设一批高水平职业院校和专业，加快构建现代职业教育体系。2022 年新修订实施的《职业教育法》首次以立法保障了职业教育的战略地位，规定职业教育是与普通教育具有同等重要地位的教育类型，随着系列法律法规、政策文件逐渐完善优化，在社会范围内形成了广泛的共识，为职业教育的高质量发展提供了可能。职业教育从学校数量增加、学生人数增加、专业设置增加等"量"的增加，到现在逐步实现高质量内涵式发展的"质"的提升，向着"中职－高职－职业本科教育"的类型教育体系逐步构建起来，因此，职业教育目前处于高质量发展的初期，职业教育国际化发展初始化充满挑战。有学者对我国重点高校国际化做过调查，发现依据奈特提出的教育国际化三阶段形式，即最初的发展援助、合作交流和最终的商业贸易阶段，中国重点高校的国际化发展水平充其量仅处于合作交流阶段。❶ 改革开放这么多年来，中国重点高校的国际化发展水平尚且如此，我国职业教育真正作为类型教育大发展刚起步，国际化发展水平更低。据一项不完全调查统计，我国仅有 53.69% 的高职院校在发展战略规划中落实了《关于做好新时期教育对外开放工作的若干意见》；48.77% 的学校制定了国际化发展战略；43.34% 的学校根据国际化发展战略，制订了中长期计划和实施方案。❷ 职业教育院校在打造国际化办学理

---

❶ 程莹，张美云，俎媛媛. 中国重点高校国际化发展状况的数据调查与统计分析 ［J］. 高等教育研究，2014，35（8）：46－54.

❷ 柯婧秋，王亚南. 高等职业教育国际化：现状、问题及对策——基于全国 231 所高职院校的调查 ［J］. 职业技术教育，2017，38（36）：44－47.

念上要适时转变，应该积极应对国际化挑战，制定长远的学校发展规划，采取有利于师生对外交流的政策措施。

（五）确保职业院校组织和制度保障

完善的国际化管理组织架构与管理流程，是构建国际化办学模式、进行国际化教学实践的重要组织保障。❶ 当前我国职业教育院校普遍存在国际化发展组织架构不完善、工作机制不健全的问题，国际化工作开展难以持久化、系统化地推进。调研表明，54.90%的学校已经将学校党委对国际化工作的领导统筹地位做了比较明确的规定，但仍有59.31%的学校目前仍未明确设置领导小组等统筹领导部门。在已有相关管理部门的院校中，仅有8.7%的院校表示专职管理人员占管理人员总数的比例达到了5%以上；仍存在78.43%的学校尚未完善规划、考核、评估、激励等国际化工作机制；围绕《关于做好新时期教育对外开放工作的若干意见》，目前仍有52.5%的学校还没有落实《意见》的有关规定，尚未建立健全与学校国际化发展的规划或制度；因此，推进职业院校国际化，首先要建立专门的统筹校内国际化事务的机构和部门，围绕学校国际化发展任务，统筹规划学校资源，行使国际化交流职能。其次，要完善国际化运行制度。依据国际化工作需求，不断拓展国际化组织机构职能。从单一职能向多元职能转变，从常规的外事接待服务为主向为服务国际化人才培养转变，从以引进资源为主向引进资源与开拓国际办学并重转变。❷

第二节　职业教育国际化战略亟须教师队伍国际化

教育主权是国家主权的一部分，作为国家实现高质量发展的重要战

---

❶ 张慧波. "双高"建设背景下高职学校国际化发展策略［J］. 教育与职业，2019（21）：47－51.

❷ 张慧波. "双高"建设背景下高职学校国际化发展策略［J］. 教育与职业，2019（21）：47－51.

略，教育也要实现对外开放，换句话说，国家对外开放战略的实施中不能缺少教育的国际化，教育国际化作为一个重要领域，关乎国家未来长久的发展，对国家经济产业发展、人才储备、中华文化宣扬等方面来说意义重大。伴随着中国特色职业教育品牌的服务和标准"走出去"的同时，对职业教育教师队伍国际化提出了新要求。正如美国著名教育家、曾任哈佛大学校长的科南特所说："大学的荣誉不在它的校舍和人数，而在于它一代又一代教师的质量。一个学校要站得住脚，教师一定要出名。"换言之，想要让职业院校"走出去"，成为世界一流的职业院校，就必须打造世界一流的职业院校师资队伍，进行世界级高层次、多方位的合作与交流。近年来，随着国家对外开放战略的逐渐深化，教育领域对外开放也取得了许多新成效，比如我国师资队伍国际化建设的意识不断提高，师资队伍的培养和引进不断深化，师资国际化建设的形式趋向多元化。

一、教师队伍国际化是职业教育国际化的重要指征

教师队伍国际化是实现职业教育国际化的重要指征。职业教育国际化是个很大的时代课题，想要研究透这个课题，必须从具体指标入手，落实到提升每个指标的水平上，教师队伍国际化就是其中不可缺少的指标之一，师资、课程和学生的国际化是高等教育国际化的三个基本特征。职业教育教师国际化能力是指教职员工在应对职业教育国际化过程中，教师所应具备的教学能力、学术能力、交流能力等关键能力。国外有些国家比较早就开始重视职业教育国际化中教师队伍的建设与发展，在1997年，澳大利亚就将职业教育发展与教师队伍建设联系起来，发布了《跨境学习：职业教育与培训教职员工发展国际化报告》，不仅强调"职业教育国际化"概念的重要性，而且从五个方面，即职业院校国际化、教职员工国际化、学生国际化、推动国家资格框架国际化和提升跨境职业教育质量对其进行了构成要素上的分析。其中，教职员工国际化是其中的一项核心内容。彼得·卡恩斯于1997年对澳大利亚TAFE学院与培训机构进行了访谈与调研，并写成了《卡恩斯报告》，通过大量的数据和事例，阐明了教职员工

在职业教育国际化进程中所需要具备的各种素质和能力，即国别知识、跨文化能力、管理能力、全球取向和自我超越。总之，教师队伍的能力、素质、水平制约着职业教育国际化的成效，发展职业教育国际化，必须要关注教师队伍的国际化水平。

二、职业教育国际化师资队伍建设政策演进

职业院校师资队伍国际化是实现职业教育国际化的必由之路，只有师资队伍国际化水平较高，职业教育国际化才更能实现突破。职业教育国际化推进过程也是积极响应我国"一带一路"倡议的过程，师资国际化政策不断完善、逐步深化，政策导向越来越明确，落实越来越有力。为推动职教事业快速发展，2014 年，国务院印发《关于加快发展现代职业教育的决定》，其目标任务是到 2020 年，形成具有中国特色、世界水平的现代职业教育体系，从加强国际交流与合作的顶层设计出发，提出具体的措施，分为以下几个具体方面：完善中外合作机制、实施合作办学项目、培养符合中国企业海外生产经营需求的本土化人才、参与制定职业教育国际标准、提升全国职业院校技能大赛国际影响。2015 年，《高等职业教育创新发展行动计划（2015—2018）》印发实施，对全国各高职院校积极融入"一带一路"倡议提出要求，要求各院校扩大与"一带一路"沿线国家的职业教育合作，立足职能强化担当，培养具有国际视野、明晰国际规则的技能型人才。2019 年，国务院印发《国家职业教育改革实施方案》，强调要多措并举打造"双师型"教师队伍，在职业教育师资国际化建设上具体明确要定期组织选派职业院校专业骨干教师赴国外研修访学。2020 年，教育部等九部门印发《职业教育提质培优行动计划（2020—2023 年）》，从总体要求、重点任务、组织实施方面提出具体要求，还明确了 56 项重点任务（项目），要求实施职业教育服务国际产能合作行动，加快培养国际产能合作急需人才，标志着职业教育进入提质培优新阶段。2021 年，国务院印发《关于推动现代职业教育高质量发展的意见》，对职业教育高质量发展提出了更明确的要求："推动职业学校跟随中国企业走出去，拓展办学内涵，

积极打造一批高水平国际化的职业学校，推出一批具有国际影响力的专业标准、课程标准、教学资源。"

三、职业教育国际化师资队伍建设现状

国际化人才，是指熟悉国际规则、具备宽阔视野、通晓国际事务、掌握专业知识、参与国际竞争的高水平人才。培养国际化人才，必须首先要把重点放在培育具备国际化素质的教师队伍上。当前我国职业院校师资队伍迈向国际化发展的意识逐渐增强，采用"引进"与"培养"相结合的策略，形式逐渐多样化，国内部分学校已经进行了师资队伍国际化建设的探索，形成并积累了一些经验。

（一）师资队伍国际化建设的意识不断加强

在我国宏观政策指引与实践需求的双重推动作用下，职业院校尤其是高等职业院校以及发达省份的中等职业学校充分意识到教师队伍是教育质量发展的源头活水和基础保障，充分认识到教师队伍建设对实现学校高质量发展的重要意义。国内部分职业院校师资队伍国际化建设作为一个重要方面已经纳入学校规划，将师资国际化建设与学校未来长期发展相结合，有针对性地进行整体布局和统筹谋划。在职业教育领域，我国已经与30多个国家、10多个国际组织开展了交流合作，涵盖政策对话、人员互访、校际交流、人员培训、技术培训、课程开发等众多领域。2015年起，教育部依托国家留学基金委设立高等教育教学法出国研修项目，精心遴选国外院校，设计项目课程，以成班方式派赴教育发达国家学习先进教育教学理念和方法，提高教师教育教学能力。2017年起，根据地方需求，在西部项目、地方合作项目下批准设立地方成班派出子项目，分批次选派高职院校一线教师赴德国留学。为贯彻落实《国家职业教育改革实施方案》，2019年起，实施职业院校教师赴德研修项目，项目共录取200人，分6个批次派赴德国德累斯顿工业大学进行为期3个月的研修。据统计，多年来，共累计选派了7000多名职业院校校长、教师到国外进修，并在政府层面强化

了定期对话和合作机制。❶ 进入"十四五"发展的重要阶段，2021 年浙江省教育厅印发《浙江省职业教育"十四五"发展规划》，旨在促进职业院校师资国际化建设，提出要以增强职业教育适应性和提升技术技能水平为目标，对教师访学研修也提出了更高的要求，提出到 2025 年，高职（高专）出国（境）访学研修 3 个月以上的专任教师比例要达到 20%。❷ 在青岛酒店管理职业技术学院，针对酒店管理、中西餐烹饪等国际前沿专业，学校每学期选派教师赴合作院校开展 3 ~ 6 个月不等的访学。目前已有 21 名教师系统掌握澳大利亚职业教育教学标准、教学理念和教学方法。学院还多次选派教师赴联合国总部、印度尼西亚、美国、法国、加拿大、韩国等地参加中华烹饪技能展示和职业技能大赛。❸

（二）师资队伍采用"引进"和"培养"相结合的策略

当前我国职业教育国际化师资停留在"引进来"的初级阶段，且引进教师结构单一。调查显示，仅有 34.6% 的学校聘用了外籍教师，6.2% 的院校聘用了港澳教师；外籍教师聘用人数达到 10 人以上的学校仅占被调查学校的 5.29%，且几乎一半以上院校所聘用的外籍教师都为语言类教师。❹ 因此，首先，在教师队伍师资"引进来"方面，要扩大师资引进的力度和范围，比如苏州旅游与财经高等职业技术学校将引进优质师资放在重要位置，引进 10 余名有执业教学资质的外教，采取与外方长期在校派驻的项目经理、教学主管以及外籍行业精英共同到校执教等措施，加强师资国际化队伍建设。鉴于我国当前职业教育竞争力和与国际接轨程度不高的总体状

❶ 对十三届全国人大三次会议第 2977 号建议的答复（教职成建议〔2020〕185 号）。

❷ 浙江省教育厅. 浙江省教育厅关于印发《浙江省高等教育"十四五"发展规划》《浙江省职业教育"十四五"发展规划》《浙江省教师队伍建设"十四五"规划》的通知［EB/OL］.（2021 – 06 – 18）［2021 – 07 – 25］. http：//jyt. zj. gov. cn/art/2022/01/19/art _1532994 _58918647. html.

❸ 激发教师活力，提升实践能力，凝聚各方合力：培育"工匠之师"的青岛经验［EB/OL］.（2019 – 10 – 24）［2022 – 10 – 12］. http：//www. moe. gov. cn/jyb_xwfb/xw_zt/moe_357/jyzt_2019n/2019_zt4/qdx/mtjj/201910/t20191024_405052. html.

❹ 柯婧秋，王亚南. 高等职业教育国际化：现状、问题及对策——基于全国 231 所高职院校的调查［J］. 职业技术教育，2017，38（36）：44 – 47.

况，职业院校要加大对非语言专业师资的引进力度，创造和提供各种有吸引力的政策，提供各种优惠条件，将吸引全世界的访问学者作为重要工作职能，切实将人才引进落到实处。其次，加大我国职业教育教师队伍"走出去"支持力度，积极搭建平台，以项目合作、项目资助等方式鼓励教师进行跨国交流与合作，提高教师跨文化交流体验，提高自身技术技能的国际化水准。❶ 比如苏州旅游与财经高等职业技术学校对教师出国进修非常重视，每年通过项目合作，先后选派校内 65 名专业教师到澳大利亚、芬兰等国接受 3 个月以上的培训进修。最后，做好"引"和"培"相结合的文章，"引进来"后的师资结合中国本土的教育水平、学生特点、学术氛围等开展教学，发挥自身具有国际化视野、国际化教学能力的特点，作为实现学生国际化素质提升的桥梁，切实提高院校的教育教学水平，提高专业教师队伍国际化整体水平。"引进来"后如果得不到合理使用和恰当安排，则会造成人才资源的浪费；如果培育得当，则会体现为教学效果等各方面效果的加成。

（三） 师资国际化建设的形式逐渐多样化

当前，世界各国在经济、政治、文化等领域的交流越来越多，交流程度越来越深，各种资源的跨区域流动成为常态，在教育领域的国际流动体现为学生、教师等参与教育教学主体可以跨时空、跨区域地流动，开放包容、合作互补已经成为全世界各国的广泛共识。从另一个角度说，从互联网到数字经济，抢抓产业发展机遇和关键核心技术，离不开人发挥作用，尤其是离不开能够掌握关键核心技术的高技能人才，因此构建国内国际双循环的人才培养模式势在必行，国际国内两条赛道的人才培养首先要求职业教育师资队伍建设也要走向国际化。梳理世界一流大学的发展史，随着办学实力的增强，走上国际化道路是必然选择，否则学校的发展会受到局限和制约，很难再有更高的突破。因此，越来越多的国家意识到必须在全

---

❶ 教育部教师工作司. 多措并举加强职业教育"双师型"教师队伍建设 ［EB/OL］. （2019 – 10 – 17） ［2023 – 01 – 12］. http：//www. moe. gov. cn/fbh/live/2019/51475/sfcl/201910/t20191017_403938. html.

球的视角下审视教育改革发展，教育国际化已超越教育本身上升为国家发展战略。2021 年，教育部、财政部联合印发《关于实施职业院校教师素质提高计划（2021—2025 年）的通知》，对师资队伍建设提出了更高更实的要求，提出"遴选骨干教师或专业带头人到国家职教师资培养培训基地、'双高计划'建设单位等优质学校、学术和科研机构及国内外高水平大学进行访学，采取结对学习、联合教研、专项指导、顶岗研修等方式，分阶段开展研修。"对我国职业院校教师国际化线下"走出去"赋予了多种形式。同时，随着教育技术的不断发展，技术赋能教育成为热点，线上培训成为传统线下培训的有益补充，为更广泛地了解海外高校教育教学理念、教学方法、学术研究热点提供了便利条件。如陕西科技大学阿尔斯特学院精心谋划，充分利用先进的 PBL 智慧教室，积极对接海外优质教育教学资源，实现线上培训提质上档。

第三节　职业教育国际化教师队伍建设挑战与应对

随着职业教育国际化进程加快，职业院校教师外出留学、考察和学习的机会增多，吸收和借鉴了其他国家的一些先进办学经验，在国际标准、国际规则、国际环境、专业前沿趋势、学生综合能力培育等方面积累了一些认知，教师队伍国际化程度有了一些提升。但辩证地看，职业教育教师国际化的广度和深度受主客观因素的影响，仍难以满足我国对外开放战略推进对职业教育国际化程度的迫切要求，如果想实现新突破，必须要仔细研判，多方共同努力，持续推动国际化教师队伍的建设。我国职业院校在"走出去"探索实践中虽然取得了一些成效，但作为一项系统工程，还存在一些亟须解决的问题，必须通过长期努力解决。目前来看，关键是院校和教师在师资国际化建设的组织结构、国际化培育体系、与国际接轨的师资管理体制三个维度上共同努力。

一、师资国际化的组织结构待完善

党的十八大以来，随着我国对外开放战略的持续推进，教育对外开放呈现新局面，但走向国际化也不是一点没有风险的，与国外行业、企业、学校之间如何协作，风险如何分担，利益怎样分配，成果如何共享等问题错综复杂，矛盾层层叠加，风险隐患增多，"规避风险"降低成本的本能将会制约职业院校国际化的发展。同时，地方政府对新时代职业教育对外开放的政策导向引领不够明确，尚未结合地域特征、学校实际、教师队伍实际厘清发展方向，难以有效整合地方资源、充分发挥地方优势，且缺乏细致、详细的指导文件，在"规避风险"潜意识和缺乏细化指导文件的双重作用下，职业院校教师国际化发展的制度化、顶层化设计需进一步完善。近年来，国家在推动职业教育发展方面做了很多工作，从宏观上出台了一系列的支持政策，但缺乏具体的指导文件。且大部分学校对国家的精神吃不透，尚未结合实际制定本学校的具体政策指导，缺乏国际化发展规划，或者制定了规划，但缺乏落实的有力举措，首先是缺乏相应的人员和部门的落实、相应的运行机制和管理机制，总的来说就是自上而下的组织机构不够完善。在海南省，只有海南经贸职业技术学院、海南职业技术学院、海南科技职业大学等几所职业院校设立了专门负责国际化工作的国际教育学院，很多职业院校的国际交流合作都隶属于党政办公室、教务处或者继续教育学院，缺少负责牵头的专业化程度较高、职能较为聚焦的专业部门，导致我国高职院校管理和运行机制未能适应国际化发展要求。根本原因在于缺乏对专门处理对外事务的部门和人员的重视，国际化建设处于较为无序、低质的阶段，要么没有设立外事部门，要么专职外事人员不足，要么专职外事人员业务水平不高，实际上国际化工作具有很强的专业特征，涉及内容体系复杂，对统筹协调能力要求非常高，需要有专门的外事部门和高质量专职人员统一规划集中管理。

要想打造国际化的职业院校教师队伍，就要注重顶层设计、整体规划，制定国际化发展战略。合理的机构设置是保证各项工作开展的组织基础。随着国际化进程的持续推进,教师出国的规模、频率和涵盖专业范围都在扩大,国际化合作项目趋于多元化,为保证国内职业院校牢牢把握国际化"主动权",需做好以下三个方面。

首先,政府应该足够重视,注意吸收其他各国的有益经验,立足我国职业教育发展的新阶段和国际竞争力现实,征求各方意见后实地考察制定并实施符合国际化发展规律的中长期规划或者专项计划,在对外战略实施、财政拨款支持的力度等政治、经济、社会、文化方面做好中长期的顶层制度设计,并有明确的、切实可行的发展目标和细化措施,完善教师队伍国际化建设相关的法律、财务、考核制度,保障职业教育国际化顺利推进,切实把教师国际化建设置于重要位置。

其次,教育主管部门要有政策配套措施,加大对教师国际化发展的经费支持和政策保障,为教师建立多领域、多层次的教育专项基金,保障教师能够以较为积极的态度融入国际教育的大舞台,鼓励教师积极参与国际学术研讨、科研合作、项目共建,打造良好的国际化氛围;制订人才培育计划,积极争取、积极创造教师出国交流机会,逐步形成鼓励争取国家公派、用好配套资助、支持自费公派等多种派出渠道有机结合的选派模式。

最后,院校要落实政府和教育部门的宏观制度设计,依据每个学校的不同特点和具体情况抓好执行。从制度建设上发力,从教师出国选派、教师人才引进、教师职称评聘等多个维度全面综合考虑各个环节,形成良好的制度闭环,依据本学校架构体系合理划分职能部门,设立专门机构,构建熟悉国际教育规则和标准的国际合作与交流职能部门,明确其分工,确保国际化各项工作都落到具体部门内,不要有所遗漏和偏重,贯彻落实院校制定的国际化发展战略,统筹学校层面的资源和人才,进行高质量项目开发、实施和评价。在组织层级方面,由校级主要领导担任相关负责工作,从各方面给予协调、统筹、指导,以确保各项工作形成合力,顺利推进;在机构设置方面,可依据每所学校不同情况,或成立专门的国际交流办公室,发挥牵头抓总的作用,或专门成立二级管理部门处室或学院,赋予其相应的管理职能。

二、师资国际化培育体系待健全

我国职业教育的发展导向是培养技术型人才，服务于地方经济社会发展，与就业形式、经济环境、地区特点等紧密结合，职业院校在拓宽合作办学渠道、拓宽社会服务领域等提升办学水平上用力不足，导致缺乏更加广阔的发展视野和国际化师资培育体系。目前大部分高职院校缺乏大规模、系统化培养国际化教师的能力，部分教师自身的跨文化能力薄弱，国际素养比较缺乏，对西方文化和知识的了解较为浅显，在教学中注重实践，甚至只强调技术层面、项目合作的具体内容，将更多的时间和精力投入到技巧训练上，缺少国际化教学经验，对开展的跨文化教学研究不够深入，在遇到文化差异时，无法及时灵活运用跨文化的知识，不能很好地承担起培养新时期跨文化交际人才的重任。究其根本原因，在于我国职业教育师资国际化整体处于起步阶段，国际化师资培育体系尚不够健全，体现为国际化师资队伍建设标准不明确，教师培育的针对性不足、实践性不强。实际上，体现我国职业教育自身类型化发展的"双师型"教师队伍建设本身时间有限：1990 年，专家学者依据教育实践，提出"双师型"教师概念，旨在改变教师"重理论，轻实践"的教育教学现状，基于实践这一理论，很快得到政策制定者的重视。1995 年，原国家教委颁布《关于开展建设示范性职业大学工作的通知》，为推动职业大学改革与建设，对师资队伍结构提出了指导性意见，对"双师型"教师的数量、素质都提出了要求。❶ 2022 年，教育部办公厅发布《关于做好职业教育"双师型"教师认定工作的通知》，从国家层面出台了"双师型"教师认定标准，标志着"双师型"教师作为我国职业教育类型教育的重要特征迈向发展新阶段，也代表着我国职业教育教师队伍建设的内涵、标准在经过 30 多年的理论和实践探索后趋于初步完善。建立在刚探索成型的国内"双师型"教师队伍

---

❶ 庄榕霞，俞启定. 高职院校双师素质教师基本特征及资格标准研究：基于 39 所国家骨干高职立项建设院校的分析［J］. 教师教育研究，2014，26（1）：69–74.

建设基础之上的国际化师资队伍建设，不可避免地在师资培养目标上仍不够明确，同时，师资国际化培育专业性不强，因为职业教育需要围绕地方不同产业、不同行业的需求，既要能服务产业又能促进就业，因此需要设置一大批多样化的专业，如果同质化、同类型的专业设置太多，势必会增加毕业生同行业竞争，且增加政府的建设成本。因此，针对多样化的专业设置，其多样化的师资队伍统筹起来更为复杂，进行国际化师资培育时，"一对一"针对性较强的教师培育体系难以形成，师资能力培育无法实现精准聚焦，师资培育仍处于浅层次状态；师资国际化水平提高离不开教师主体，教师主体接受国际化提高的自身意愿充足程度、自我标准要求和教师自身所处的发展阶段、职业规划等都一定程度上影响着师资培育的效果。对教师而言，目前，职业院校开展国际合作与交流的主要模式为教师出国交流访学和校际间签署合作交流协议，渠道较单一，对其他国家和地区的传统文化、经济特点、教育水平、学生特点等缺乏了解，容易在合作交流过程中产生分歧甚至冲突；另外是语言沟通不畅，对国际前沿学术动态和相关外文文献了解不够，我国大多数职业院校都不具备高水平英语能力的专业课教师队伍，对"一带一路"沿线国家的小语种精准掌握的教师配备更少，导致我国职业教育资源未能有效输出，高端国际化合作交流受到制约，国际化交流处于比较被动的局面，大部分教师国际交往能力不够，与外方院校专家在科研合作、专业共建等方面无法直接进行高质量的双向交流。教师的国际化行为与其自身所拥有的某些特质和客观需求紧密相关，同时也与这一群体所依赖的外部环境存在某种制约与互动：一方面，大学相关国际化策略及其所依托的背景影响教师的参与行为；另一方面，教师的回应和反馈又为学校相关政策制度的修订和调整提供现实依据。❶ 当前我国职业院校师资国际化培育处于"重参与，轻实效"的"为国际化而国际化"现状。

要想打造国际化的职业院校教师队伍，就要注重统筹协调、正向激

---

❶ 徐昭恒，王琪，朱军文. 激情背后的"理性"：高校青年教师缘何参与大学国际化［J］.复旦教育论坛，2018，16（5）：83-90.

励，创造国际化交流平台。应将国际化发展目标放入学校发展规划之中，明确办学目标，做好规划引领，不断健全国际化师资培育体系。具体而言，首先，职业院校应依据学校特色打造本学校的特色师资国际化培育体系，要适时出台或完善相关的服务体系，明确本校的国际化办学理念，做好办学理念的宣传与推介，让越来越多的地区和国家都能了解；根据不同国家和地区的特点，做好国际化发展的设计和布局，在国际合作中坚持原则、优中选优，对国际合作战略伙伴的选择要慎重，通过激励政策等方式，提供国际合作交流经费，让越来越多的师生员工深刻理解推进教育国际化的重要性和迫切性，并更为积极主动开展国际化合作交流。❶ 通过形成有机协调运转、多部门良好配合的培育机制，提升教师接受国际化培育的主观意愿，如不断强化国际合作与交流职能部门建设，探索建立由职能部门主导，人事部门、财务部门、教学部门以及二级学院等全部门联动的运行协调机制。如统筹人事部门，明确其协助职能管理部门制定国际化人才引进与培养规划的职能，并负责具体落实人事政策，制定切实可行的激励政策，激发教师积极性。如统筹财务部门职能，明确其协助职能管理部门建立预算制度，依据每所学校不同的财政情况和制定的激励政策，财政部门要控制好开支，列好预算，遵守严格的申报流程规范，确保高职院校国际化建设的各项经费和资源及时划拨到位。如统筹教学部门以及二级学院职能，与职能管理部门共同建立兼顾国际国内人才培养的大教学体系，促进教学信息、资源共建共享，提高师资培养质量和效能。❷ 同时，高校可形成教师、学院、学校三级平台，积极主动地为教师创造"走出去"的机会，参与高层次国际学术交流活动。学校在日常教学中可以主动邀请国际名校校长、各领域一流专家学者、优秀科研团队来学校进行学术讲座、科研经验交流或者各种专项培训，争取更多国际性学术会议和学术交流活动，邀请国外知名教育、行业专家来校开展讲座以及专业指导，以此为契

---

❶ 陈凤菊. 美国社区学院推进国际化的举措与启示：基于对 19 所社区学院的分析 [J]. 职业教育研究，2021（6）：85 - 91.

❷ 余姗姗，何少庆. "双高计划"背景下高职院校国际化发展的导向、问题与对策 [J]. 教育与职业，2020（10）：33 - 39.

机鼓励教师更多地参与国际学术与科研合作项目。通过各类短期、长期的国际化交流，不断丰富本校教师的国际视野，促进教师接触优秀科研成果，为教师提高自身科研学术水平提质增效。其次，作为教师，应该深刻认识到自身在推进职业教育国际化中扮演的重要角色，主动接受并适应学校师资国际化培育模式，实现教师"走出去"。借助经济全球化和"一带一路"国家对外政策的背景，鼓励教师赴国外进行教学、科研实践，交流中国职业教育经验，为职业教育教师的国际化提供丰富的实践环境，"走出去"的形式是多样的，包括留学、公派访学等，通过出国访学，高校教师可以在认知、态度和社会维度上都有不同程度的提升，这部分教师回国后在科研、教学、国际交往与合作等方面均做出较大调整；教师在思想上也要真正"走出去"，积极谋划国际化发展思路，积极配合学校做好承担的任务，提升自身国际化水平的积极性和自觉性，根据自身条件积极参与到学校各项培育工作中去，通过这些形式可以改进他们的教学理念，加强国际化的交流并促进自身学术科研创新。

三、与国际接轨的师资管理体制有待完善

教师国际化意味着更加频繁的师资人才引进和人员流动，师生因公出差、外籍教师管理、教师境外开展合作、学生境外实习等涉及跨文化的管理更加复杂，不同国家、不同地区、不同学校、不同专业的管理模式不尽相同。一方面，在国际化初始阶段，职业院校还没有形成固定的、成熟的国际化建设模式和经验，大部分学校的管理政策借鉴普通高等教育的经验，没有形成适应职业院校自身特点的师资管理制度；同时我国职业院校"超编缺编"现象普遍存在，2019 年，《政府工作报告》提出了关于高职大规模扩招 100 万的要求。2019 年 4 月 30 日，《高职扩招专项工作实施方案》经国务院常务会议讨论通过。2019 年 5 月 13 日，教育部等六部门印发《高职扩招专项工作实施方案》，从 2019 年起连续三年，我国高职院校实施每年扩招 100 万人的计划，这对高职教育资源配置提出要求，尤其是教师资源。高等职业教育扩招的意义体现在提高我国高等教育普及率、提

高人力资源供给质量、满足我国产业转型升级对高素质及技术人才需求、推动职业教育适应社会经济发展对人才需求等方面。但是我国职业教育本就编制紧张，教师人数较少、学生人数多，扩招规模激增，造成每位教师负责的学生数量更多，无论是精力还是能力上都有短板，对教育教学实践来说有一定的影响，师资短缺的问题、师资供需矛盾变得更加突出。师资短缺造成教师忙于日常工作、完成学校既定的教学科研任务，参加国际交流的主观意愿不足，师资国际化培训流于形式。另一方面，从队伍结构看，要实现教师队伍国际化，首先在结构上应该加以完善，可以主要由本校教师、海外优秀人才和外籍教师三个部分组成，打造多样化、多层次的师资队伍，使这三类教师互为补充共同促进高校教师国际化发展。根据现实情况来说，往往现在高校都要求只有博士研究生才可以进入高校授课，其余学历的毕业生往往从事行政或教辅工作，但事实情况是，职业院校，甚至普通高校对海外博士缺乏吸引力，没有成为海外博士就业的首要选择，国际化人才难以"引进来"，无法充实学校国际化教学力量；按照国内的教育体制，培育出的国内应届博士研究生，不一定能适应国际化教育及科研模式的需求，在出国访学交流有限的时间内，不一定能形成国际化的教学科研思路，虽然现阶段中国高校聘请外籍教师和有海外留学经历教师的人数每年都在增加，但是这些海外留学人才大都是以短期访学或讲学等短期的形式，一般没有接触到更深层次的国际化知识熏陶；而具有长期海外留学或外企工作经历的、国际化办学模式所紧缺的人才，甚至得不到编制，无法成为正式在编教师。作为编外教师，长期以来有部分在学术研究、论文期刊发表、职称评聘等方面得不到公正的对待、拿不到同等待遇的资金扶持，教学科研积极性不够高，职业稳定性不够高。对青年教师而言，参与国际化教学科研的青年教师的职业诉求也未得到充分满足，研究结果显示，青年教师参与国际化的主要动机在于加强科研产出、获取学术资源、建立一种广义的学术声誉，其核心诉求是积累自己的学术资本，在学术的道路上不断深耕。但高职院校囿于各种原因，能提供的学术平台往往比较有限，且主要集中在国内，国外的学术交流机会较少，国外交流的层次较低，青年教师学术国际化的目标不能充分达成，长期来看不利于职业教育教师国际化的培养。国外部分职业院校已有一些成熟的管理经验，如新加坡职业院校的师资建设具有较高的国际水准，重点体现在师资引进上，面向国际进行招聘，职业院校会向教师提供较高的薪资福利，并为教师创造舒适的工作环境，以此来吸引国际上优秀的教师资源。

要想打造国际化的职业院校教师队伍，就要注重多措并举，"内外"兼顾，加强服务保障。高职院校教师队伍国际化建设工作的一项重要目标，就是在管理方式上要畅通国际参与的管理机制。通过搭建高职院校教师队伍国际化建设工作平台，在教师资源、教师结构、教师培养等方面朝国际化方向发展，利用现代互联网技术，建立本校专门的多语种界面平台网站，对外长期发布国际教师选聘、国际教育合作交流、国际项目合作等互动信息，在人才引进上下真功夫，积极引进与本校开设专业相关的外籍行业专业人员和海外留学人员参与学校教学工作，建立多层次、多结构教师队伍，加大对外籍专家学者以及优秀海外留学人员的引进力度，优化本校教师队伍结构；提升教师的语言交流能力，掌握外语语言能力是教师开展国际化教学、科研、比赛和学术交流的首要基础，没有语言就缺乏了沟通的桥梁，在摸清本校教师基本情况和个人发展愿景的基础上，学校可以通过与社会语言培训机构合作对教师进行雅思、托福等培训，也可以在校内开设语言文化培训班；实现教师资源的优化配置和合理使用，通过采取跨校际之间的教学互访互派、加强高职学院之间的校际合作、采取成立学科群为基础的区域性专业教师协会等措施。充分挖掘内部资源，对有培养前途的年轻非教师，按照教师必备的条件，通过送培深造的形式，提高其素质后再调整到专任教师岗位；着重加强对年轻教师的国际化培养力度，在职称晋升、岗位聘用方面优先向国际化优势明显的年轻教师倾斜；立足本校特色与地区实际情况，从教师国际化发展的各项需求入手，引入与之发展相匹配的国际资源，防止盲目攀高。

总体来看，在经济全球化背景下，职业教育国际化已成为一种必然趋势。中国高度重视职业教育改革发展，不断提升职业教育对经济社会发展需求适应性、凸显围绕中心服务大局的作用。改革开放 40 多年来，中国职业教育国际化经历了从单向"引进来"到逐步"走出去"的过程。实践已经证明，中国职业教育发展，必须融入世界教育发展的大潮中，必须走国际化道路，以开放促改革发展，而职业教育国际化的重要依靠力量就是实现师资国际化。职业院校教师国际化发展不是最终目的，而是通过教师国际化发展促进教育改革发展，培养国际化人才，有效配置和合理使用优质教育资源，提高教育质量和效率，增强国际竞争力。

附录1 中等职业教育教师满意度调查问卷

尊敬的教师：

您好！

本调查是为了了解您对教育管理与教学环境的感受，为加强和改进教育工作提供依据。问卷不记名，答案也没有对错之分，我们将对您的答卷保密。请点击最能反映您实际感受的一个选项，请不要漏选，也不要多选。

谢谢您的合作！

教育满意度调查组

1. 总的来看，您认为中职教师的社会地位怎么样？

○非常低　　　　　○低　　　　　　　○比较低　　　　　○一般

○比较高　　　　　○高　　　　　　　○非常高

2. 总的来说，您从工作中获得的成就感如何？

○非常小　　　　　○小　　　　　　　○比较小　　　　　○一般

○比较大　　　　　○大　　　　　　　○非常大

3. 总的来看，您对中职教师这份职业感到满意吗？

○非常不满意　　　○不满意　　　　　○比较不满意　　　○一般

○比较满意　　　　○满意　　　　　　○非常满意

4. 总的来看，您对自己在学校的发展满意吗？

○非常不满意　　　○不满意　　　　　○比较不满意　　　○一般

○比较满意　　　　○满意　　　　　　○非常满意

5. 总的来看，您对中职学生在校表现满意吗？

○非常不满意 　　○不满意 　　○比较不满意 　　○一般

○比较满意 　　○满意 　　○非常满意

6. 您愿意推荐亲友到这所学校做教师吗？

○非常不愿意 　　○不愿意 　　○比较不愿意 　　○一般

○比较愿意 　　○愿意 　　○非常愿意

7. 入职前，您认为自己适合当中职教师吗？

○非常不适合 　　○不适合 　　○比较不适合 　　○一般

○比较适合 　　○适合 　　○非常适合

8. 入职前，您认为中职教师地位怎么样？

○非常低 　　○低 　　○比较低 　　○一般

○比较高 　　○高 　　○非常高

9. 接触中职学生之前，您认为中职学生的学习能力怎么样？

○非常低 　　○低 　　○比较低 　　○一般

○比较高 　　○高 　　○非常高

10. 来本校前，您认为这所学校适合您吗？

○非常不适合 　　○不适合 　　○比较不适合 　　○一般

○比较适合 　　○适合 　　○非常适合

11. 学校为教师提供的学习培训机会多吗？

○非常少 　　○少 　　○比较少 　　○一般

○比较多 　　○多 　　○非常多

12. 您任教期间，到行业企业学习培训的机会多吗？

○非常少 　　○少 　　○比较少 　　○一般

○比较多 　　○多 　　○非常多

13. 您参与研发课程、开发教材等科研实践活动的机会多吗？

○非常少 　　○少 　　○比较少 　　○一般

○比较多 　　○多 　　○非常多

14. 在工作中，您的才能得到充分发挥了吗？

○非常不充分 　　○不充分 　　○比较不充分 　　○一般

○比较充分 　　○充分 　　○非常充分

15. 学校的校风怎么样？

　　○非常差　　　　○差　　　　　○比较差　　　　○一般

　　○比较好　　　　○好　　　　　○非常好

16. 学生的学风怎么样？

　　○非常差　　　　○差　　　　　○比较差　　　　○一般

　　○比较好　　　　○好　　　　　○非常好

17. 您和学校领导相处得融洽吗？

　　○非常不融洽　　○不融洽　　　○比较不融洽　　○一般

　　○比较融洽　　　○融洽　　　　○非常融洽

18. 您对学生家长的家校配合情况满意吗？

　　○非常不满意　　○不满意　　　○比较不满意　　○一般

　　○比较满意　　　○满意　　　　○非常满意

19. 学校给老师提供的办公环境怎么样？

　　○非常差　　　　○差　　　　　○比较差　　　　○一般

　　○比较好　　　　○好　　　　　○非常好

20. 学校的实习实训场地及设备能满足您的教学需求

　　○非常不赞同　　○不赞同　　　○比较不赞同　　○一般

　　○比较赞同　　　○赞同　　　　○非常赞同

21. 学校教室及教学设施的配置能满足您的工作需要

　　○非常不赞同　　○不赞同　　　○比较不赞同　　○一般

　　○比较赞同　　　○赞同　　　　○非常赞同

22. 您认为自己的工作得到了恰当的认可吗？

　　○非常不恰当　　○不恰当　　　○比较不恰当　　○一般

　　○比较恰当　　　○恰当　　　　○非常恰当

23. 学校对教师的考核评价制度合理吗？

　　○非常不合理　　○不合理　　　○比较不合理　　○一般

　　○比较合理　　　○合理　　　　○非常合理

24. 总体来说，学校的教师培训制度合理吗？

　　○非常不合理　　○不合理　　　○比较不合理　　○一般

○比较合理　　　○合理　　　　　○非常合理

25. 您对学校领导的亲和力和人格魅力感到满意吗？

○非常不满意　　○不满意　　　　○比较不满意　　　○一般

○比较满意　　　○满意　　　　　○非常满意

26. 总的来说，学校现有教学管理制度合理吗？

○非常不合理　　○不合理　　　　○比较不合理　　　○一般

○比较合理　　　○合理　　　　　○非常合理

27. 学校领导对每位老师能够做到公平对待吗？

○非常不公平　　○不公平　　　　○比较不公平　　　○一般

○比较公平　　　○公平　　　　　○非常公平

28. 学校后勤服务保障情况怎么样？

○非常差　　　　○差　　　　　　○比较差　　　　　○一般

○比较好　　　　○好　　　　　　○非常好

29. 学校对教师参加学习培训的支持力度大吗？

○非常小　　　　○小　　　　　　○比较小　　　　　○一般

○比较大　　　　○大　　　　　　○非常大

30. 学校在建设"双师型"教师队伍方面力度大吗？

○非常小　　　　○小　　　　　　○比较小　　　　　○一般

○比较大　　　　○大　　　　　　○非常大

31. 学校为专业课教师对接行业企业提供支持的力度大吗？

○非常小　　　　○小　　　　　　○比较小　　　　　○一般

○比较大　　　　○大　　　　　　○非常大

32. 您参加各级各类教育科研实验、教育课题机会多吗？

○非常少　　　　○少　　　　　　○比较少　　　　　○一般

○比较多　　　　○多　　　　　　○非常多

33. 在工作中，学生安全责任给您造成很大压力吗？

○非常小　　　　○小　　　　　　○比较小　　　　　○一般

○比较大　　　　○大　　　　　　○非常大

34. 教师向上级反映意见和建议的渠道畅通吗？

○非常不畅通　　　○不畅通　　　　○比较不畅通　　　○一般

○基本畅通　　　　○畅通　　　　　○非常畅通

35. 教师向上级反映意见和建议后，能够获得及时的反馈

○非常不赞同　　　○不赞同　　　　○比较不赞同　　　○一般

○比较赞同　　　　○赞同　　　　　○非常赞同

36. 与普通高中教师相比，您的工资待遇怎么样？

○非常低　　　　　○低　　　　　　○比较低　　　　　○一般

○比较高　　　　　○高　　　　　　○非常高

37. 您认为与普通高中教师相比，中职教师的职称晋升机会多吗？

○非常少　　　　　○少　　　　　　○比较少　　　　　○一般

○比较多　　　　　○多　　　　　　○非常多

38. 您认为学校开展德育工作的效果如何？

○非常差　　　　　○差　　　　　　○比较差　　　　　○一般

○比较好　　　　　○好　　　　　　○非常好

39. 总的来说，您和同事相处得融洽吗？

○非常不融洽　　　○不融洽　　　　○比较不融洽　　　○一般

○比较融洽　　　　○融洽　　　　　○非常融洽

40. 总的来说，您和学生相处得融洽吗？

○非常不融洽　　　○不融洽　　　　○比较不融洽　　　○一般

○比较融洽　　　　○融洽　　　　　○非常融洽

41. 总的来说，老师教授课程与自己专业所长相关度不高的现象多吗？

○非常少　　　　　○少　　　　　　○比较少　　　　　○一般

○比较多　　　　　○多　　　　　　○非常多

42. 总体来看，您参加的各级各类教师学习培训活动对你的业务提升帮助大吗？

○非常小　　　　　○小　　　　　　○比较小　　　　　○一般

○比较大　　　　　○大　　　　　　○非常大

43. 当前学校"双师型"教师队伍建设有效提高了教师的技能水平和专业教师能力

○非常不赞同　　　○不赞同　　　　○比较不赞同　　　○一般

○比较赞同　　　　○赞同　　　　　○非常赞同

44. 总的来说，您用于学生管理或是事务性工作的时间远大于专业教学科研的工作时间

○非常不赞同　　　○不赞同　　　　○比较不赞同　　　○一般

○比较赞同　　　　○赞同　　　　　○非常赞同

45. 您在教学过程中，有意识地穿插道德品行、工匠精神、职业道德及职业规划等方面的知识内容多吗？

○非常少　　　　　○少　　　　　　○比较少　　　　　○一般

○比较多　　　　　○多　　　　　　○非常多

46. 您认为学校的绩效考核评价对提升教师整体的业务水平帮助大吗？

○非常小　　　　　○小　　　　　　○比较小　　　　　○一般

○比较大　　　　　○大　　　　　　○非常大

47. 在您学校的职称评审中，重视教育教学实践能力吗？

○非常不重视　　　○不重视　　　　○比较不重视　　　○一般

○比较重视　　　　○重视　　　　　○非常重视

48. 在您学校的职称评审中，重视个人科研能力吗？

○非常不重视　　　○不重视　　　　○比较不重视　　　○一般

○比较重视　　　　○重视　　　　　○非常重视

49. 您赞同在中职学校用发表论文的数量和质量来衡量教师的科研能力吗？

○非常不赞同　　　○不赞同　　　　○比较不赞同　　　○一般

○比较赞同　　　　○赞同　　　　　○非常赞同

50. 当前各级各类"技能大赛"取得了"以赛促教，以赛促练，以赛促学"的教学改革效果

○非常不赞同　　　○不赞同　　　　○比较不赞同　　　○一般

○比较赞同　　　　○赞同　　　　　○非常赞同

51. 学校重视"技能尖子"和"科研骨干"教师的培养吗？

○非常不重视　　　○不重视　　　　○比较不重视　　　○一般

○比较重视　　　　○重视　　　　　　○非常重视

52. 总的来说，学校的教学管理制度越来越有利于教师教学工作开展

○非常不赞同　　　○不赞同　　　　　○比较不赞同　　　○一般

○比较赞同　　　　○赞同　　　　　　○非常赞同

53. 您对所教学生的成长和发展情况感到满意吗？

○非常不满意　　　○不满意　　　　　○比较不满意　　　○一般

○比较满意　　　　○满意　　　　　　○非常满意

54. 您对自己学校的发展有多大信心？

○非常小　　　　　○小　　　　　　　○比较小　　　　　○一般

○比较大　　　　　○大　　　　　　　○非常大

55. 您认为国家对中职教育的发展越来越重视

○非常不赞同　　　○不赞同　　　　　○比较不赞同　　　○一般

○比较赞同　　　　○赞同　　　　　　○非常赞同

56. 您认为当前中职学校学生的就业意愿如何？

○非常小　　　　　○小　　　　　　　○比较小　　　　　○一般

○比较大　　　　　○大　　　　　　　○非常大

57. 您对改进政府和学校教育工作有什么意见和建议？请列出要点，限 100 字以内。

1. _____

2. _____

3. _____

【教师基本信息】

1. 您的性别：

○男　　　　　　　○女

2. 您的民族：

○汉族　　　　　　○少数民族

3. 您的学历：

○高中或中专　　　○大专　　　　　　○本科　　　　　　○硕士研究生

○博士研究生

4. 您的职称：

○未评职称

○助理级职称或二级教师（原中学二级、小学一级）

○中级职称或一级教师（原小学高级、中学一级）

○副高级职称或高级教师（原中学高级）

○正高级职称或正高级教师

5. 您的年龄：

○25 岁及以下	○26 ~ 30 岁	○31 ~ 35 岁	○36 ~ 40 岁
○41 ~ 45 岁	○46 ~ 50 岁	○51 ~ 55 岁	○56 ~ 60 岁

6. 您的教龄：

○3 年以下	○3 ~ 5 年	○6 ~ 10 年	○11 ~ 15 年
○16 ~ 20 年	○20 年以上		

7. 您现任教的科目类型主要是（限选一项）：

○文化课　　　　○专业课　　　　○实习指导课　　　　○其他

8. 您的职业资格证书和专业技术职务情况是：

○职业资格证书和专业技术职务都有

○仅有职业资格证书

○仅有专业技术职务

○两者都没有

○其他

9. 您目前的职业资格证书等级是：

○未评（没有）　　○初级技能　　　○中级技能　　　○高级技能

○技师　　　　　　○高级技师

10. 您的入职情况是：

○学校毕业直接任教　　　　　　○企业调入

○其他单位调入　　　　　　　　○其他

11. 您的编制情况是：

○正式在编　　　○合同聘任　　　○其他

173

12. 您是否担任班主任：

○是　　　　　　　　○否

13. 您每天在校工作时间

○不坐班　　　　○0~4 小时　　　　○5~8 小时　　　　○9~12 小时

○12 小时以上

14. 您的月收入是（单位：元）：

○2000 元以下　　　○2001~3000 元　　○3001~4000 元

○4001~5000 元　　○5000 元以上

15. 除教学任务以外，您现在在学校承担工作有哪些（多选）

○学科组长　　　　○教学组长　　　　○年级主任

○学校中层干部　　○其他

【学校基本信息】

1. 学校所在地域：_____省（市）_____市_____县（区）

2. 学校所在地为：

○城市　　　　　　○县镇

3. 学校类别（多选题）：

○普通中专（含高职中专部）　　　○职业高中（含职教中心）

○成人中专　　　　　　　　　　　○技工学校

4. 学校办学水平（多选题）：

○国家级示范中职学校

○省级示范中职学校

○国家级重点中职学校

○省级重点中职学校

○普通中职学校

5. 学校性质是：

○公办（政府拨款）

○民办（不含行业、企业办学）

○行业、企业办学

○其他

附录 2 Bootstrap 检验结果（外部模型载荷）

指标← 潜变量	样本值	样本均值	标准差	标准误	T 值	P 值
P1←总体满意度	0.762	0.764	0.049	0.049	15.693	0.000
P10←教育期望	0.807	0.805	0.040	0.040	19.975	0.000
P11←学校管理	0.748	0.745	0.048	0.048	15.454	0.000
P12←学校管理	0.707	0.705	0.054	0.054	13.205	0.000
P13←学校管理	0.697	0.696	0.061	0.061	11.442	0.000
P14←学校管理	0.786	0.785	0.043	0.043	18.254	0.000
P15←学校管理	0.772	0.772	0.051	0.051	15.168	0.000
P16←学校管理	0.766	0.767	0.045	0.045	17.212	0.000
P17←学校管理	0.726	0.725	0.054	0.054	13.563	0.000
P18←学校管理	0.704	0.707	0.056	0.056	12.482	0.000
P19←学校管理	0.719	0.720	0.053	0.053	13.589	0.000
P2←总体满意度	0.871	0.868	0.028	0.028	31.355	0.000
P20←学校管理	0.714	0.716	0.059	0.059	12.044	0.000
P21←学校管理	0.722	0.721	0.060	0.060	11.949	0.000
P22←学校管理	0.755	0.756	0.048	0.048	15.567	0.000
P23←学校管理	0.821	0.822	0.039	0.039	20.939	0.000
P24←学校管理	0.830	0.828	0.034	0.034	24.561	0.000
P25←学校管理	0.782	0.779	0.046	0.046	16.915	0.000
P26←学校管理	0.840	0.839	0.037	0.037	22.789	0.000
P27←学校管理	0.826	0.825	0.036	0.036	22.949	0.000
P28←学校管理	0.782	0.777	0.051	0.051	15.465	0.000
P29←政府保障	0.806	0.802	0.044	0.044	18.476	0.000

续表

指标←潜变量	样本值	样本均值	标准差	标准误	T 值	P 值
P3←总体满意度	0.888	0.884	0.026	0.026	34.645	0.000
P30←政府保障	0.785	0.783	0.042	0.042	18.720	0.000
P31←政府保障	0.786	0.785	0.045	0.045	17.357	0.000
P32←政府保障	0.693	0.697	0.057	0.057	12.212	0.000
P33←政府保障	0.817	0.817	0.039	0.039	20.717	0.000
P34←政府保障	0.838	0.838	0.030	0.030	27.502	0.000
P35←政府保障	0.851	0.848	0.028	0.028	30.077	0.000
P36←政府保障	0.608	0.602	0.078	0.078	7.750	0.000
P37←政府保障	0.627	0.623	0.075	0.075	8.406	0.000
P4←总体满意度	0.864	0.864	0.031	0.031	27.569	0.000
P5←总体满意度	0.743	0.744	0.055	0.055	13.404	0.000
P6←总体满意度	0.843	0.844	0.036	0.036	23.372	0.000
P7←教育期望	0.789	0.784	0.050	0.050	15.896	0.000
P8←教育期望	0.776	0.772	0.052	0.052	15.062	0.000
P9←教育期望	0.688	0.689	0.078	0.078	8.837	0.000

附录 3　题项的交叉符合系数

题项	学校管理	总体满意度	政府保障	教育预期
P1	0.614	0.762	0.622	0.512
P2	0.727	0.871	0.691	0.506
P3	0.724	0.888	0.688	0.526
P4	0.782	0.864	0.748	0.459
P5	0.690	0.743	0.614	0.506
P6	0.722	0.843	0.697	0.466
P7	0.400	0.432	0.355	0.789
P8	0.461	0.494	0.437	0.776
P9	0.383	0.409	0.353	0.688
P10	0.481	0.483	0.430	0.807
P11	0.748	0.595	0.753	0.381
P12	0.707	0.588	0.703	0.416
P13	0.697	0.617	0.689	0.384
P14	0.786	0.744	0.736	0.450
P15	0.772	0.662	0.669	0.456
P16	0.767	0.702	0.672	0.508
P17	0.726	0.582	0.653	0.402
P18	0.704	0.657	0.641	0.475
P19	0.719	0.592	0.637	0.472
P20	0.714	0.566	0.623	0.431
P21	0.722	0.574	0.629	0.432
P22	0.755	0.716	0.715	0.474
P23	0.821	0.692	0.783	0.432

续表

题项	学校管理	总体满意度	政府保障	教育预期
P24	0.830	0.706	0.809	0.435
P25	0.782	0.644	0.735	0.383
P26	0.840	0.722	0.796	0.434
P27	0.826	0.706	0.781	0.417
P28	0.782	0.661	0.722	0.403
P29	0.750	0.604	0.806	0.377
P30	0.725	0.589	0.785	0.380
P31	0.738	0.656	0.786	0.385
P32	0.651	0.543	0.693	0.375
P33	0.814	0.714	0.817	0.431
P34	0.784	0.670	0.838	0.416
P35	0.799	0.684	0.851	0.430
P36	0.525	0.575	0.608	0.403
P37	0.539	0.543	0.627	0.352

附录4　职业院校教师素质
提高计划实施情况调查问卷

尊敬的老师：

　　您好！欢迎您参加"职业院校教师素质提高计划"实施情况调研！本问卷旨在了解"职业院校教师素质提高计划"的实施情况。问卷不署名，所有数据仅供研究使用。请客观回答每个问题，并将所选项目的代号填在横线上。如无特别说明，均为单选题。非常感谢您的合作！

课题组

1. 您所在_____省（自治区、直辖市）_____市_____县（区）

2. 您所在学校类别：_____

①中等职业学校　②高等职业学校

3. 您的年龄：_____

① 30 岁及以下　　② 31～40 岁　　③ 41～45 岁　　④ 45 岁以上

4. 您的工作岗位：_____

① 文化基础课　　② 专业理论课　　③ 专业技能课　　④ 实习指导课

5. 您的教龄：_____

① 5 年以下　　② 5～10 年　　③ 10～20 年　　④ 20 年以下

6. 您的学历：_____

① 专科及以下　　② 本科　　　③ 研究生

7. 您的职称：_____

① 未评　　　　② 初级　　　　③ 中级　　　　⑤ 副高级

④ 正高级

8. 您参加的"职业院校教师素质提高计划"培训的次数：＿＿＿＿＿＿

① 1 次　　　　② 2 次　　　　③ 3 次　　　　④ 4 次

⑤ 5 次　　　　⑥ 6 次及以上

9. 您参加的"职业院校教师素质提高计划"培训项目是：＿＿＿＿＿＿

① 专业骨干教师培训项目

② 中等职业学校青年教师企业实践项目

③ 专业骨干教师出国进修项目

④ 卓越职业院校校长专题研修项目

⑤ 其他

10. 您对"职业院校教师素质提高计划"的总体满意程度为：

① 非常不满意　　② 比较不满意　　③ 一般

④ 比较满意　　⑤ 非常满意

11. 您对"职业院校教师素质提高计划"培训主题的总体满意程度为：

① 非常不满意　　② 比较不满意　　③ 一般

④ 比较满意　　⑤ 非常满意

12. 您对"职业院校教师素质提高计划"培训课程的总体满意程度为：

① 非常不满意　　② 比较不满意　　③ 一般

④ 比较满意　　⑤ 非常满意

13. 您对"职业院校教师素质提高计划"培训方式的总体满意程度为：

① 非常不满意　　② 比较不满意　　③ 一般

④ 比较满意　　⑤ 非常满意

14. 您感觉"职业院校教师素质提高计划"的培训收获：

① 没有收获　　② 收获很小　　③ 一般

④ 有点收获　　⑤ 收获非常大

15. "职业院校教师素质提高计划"很好地满足了我参加培训的需求。

① 完全不同意　　② 比较不同意　　③ 说不清

④ 比较同意　　⑤ 非常同意

16."职业院校教师素质提高计划"有效帮助我解决教育教学中遇到的问题。

① 非常不同意　② 比较不同意　③ 说不清

④ 比较同意　⑤ 非常同意

17."职业院校教师素质提高计划"能够很好地帮助我专业成长。

① 非常不同意　② 比较不同意　③ 说不清

④ 比较同意　⑤ 非常同意

18. 参加"职业院校教师素质提高计划"（的老师）能够很好地示范带动其他老师的专业发展。

① 非常不同意　② 比较不同意　③ 说不清

④ 比较同意　⑤ 非常同意

19. 您感觉"职业院校教师素质提高计划"的主要价值在于：_____（多选题，最多3个）

① 积累实践技能　② 更新专业知识　③ 提升教学能力

④ 学习先进技术　⑤ 增强信息技术应用能力

20."职业院校教师素质提高计划"的总体项目设计（专业骨干教师培训项目、专业骨干教师出国进修项目、中等职业学校青年教师企业实践项目和卓越职业院校校长专题研修项目等）：_____

① 非常不合理　② 比较不合理　③ 一般

④ 比较合理　⑤ 非常合理

21. 您所参加的"职业院校教师素质提高计划"具体培训项目设计：_____

① 非常不合理　② 比较不合理　③ 一般

④比较合理　⑤ 非常合理

22. 您认为在具体培训过程中存在的主要问题有：_____（多选题，限选3项）

① 培训设计与实际需求偏离　② 培训机构专业性不强

③ 培训师资水平不高　④ 培训方式以讲授为主

⑤ 培训评价流于形式　⑥ 培训后追踪名存实亡

23. 希望培训项目设计：_____（多选题，限选 3 项）

① 更能帮助解决教育教学实际问题

② 更加提高教师专业水平和教学技能

③ 更加符合教师获取证书的需求

④ 更能帮助教师了解国内外专业前沿理论

⑤ 其他（请说明）_____

24. 希望参加哪类机构组织的培训：_____（多选题，限选 3 项）

① 职教区域培训基地　　　② 国家示范性职业院校

③ 应用型大学　　　　　　④ 大中型企业

⑤ 综合高校　　　　　　　⑥ 职业教育科研机构

25. 希望培训专家为：_____（多选题，限选 3 项）

① 优秀的中高职一线教师　② 企业中高级技工

③ 高校教师专家　　　　　④ 具有较高声望的能工巧匠

⑤ 科研机构职教专家　　　⑥ 教育行政管理人员

⑦ 省市区的教研员

26. 希望培训模式是：_____（多选题，限选 3 项）

① 集中面授　　　　　　　② 网络自主化研修

③ 跟岗实习　　　　　　　④ 顶岗实践

⑤ 企业观摩　　　　　　　⑥ 小组研讨

27. 希望培训评价采用：_____（多选题，限选 3 项）

① 结业考试　　② 问卷调查　　③ 撰写论文与心得

④ 课堂教学实践　⑤ 自我评价　　⑥ 学员互评

⑦ 其他（请说明）_____

参考文献

专著

［1］陈永芳. 职业技术教育专业教学论［M］. 北京：清华大学出版社，2007.

［2］杨金土. 职业教育"双师型"教师基本问题研究：基于跨界视域的诠释［M］.
北京：清华大学出版社，2011.

［3］闫智勇，吴全全，蒲娇. 职业教育教师能力标准的国际比较研究［M］. 北京：中
国致公出版社，2019.

［4］杨秀英，兰小云，等. 国际视野下的职业院校专业教师培养研究与实践［M］. 上
海：上海交通大学出版社，2018.

期刊论文

［1］白仙莉，靳秀兰，张亚娟，等. 高职教师激励因素分析与激励策略研究［J］. 石
油教育，2010（1）.

［2］陈云英，孙绍邦. 教师工作满意度的测量研究［J］. 心理科学，1994（3）.

［3］陈卫旗. 中学教师工作满意感的结构及其与离职倾向、工作积极性的关系［J］.
心理发展与教育，1998（1）.

［4］才国伟，刘剑雄. 归因、自主权与工作满意度［J］. 管理世界，2013（1）.

［5］程莹，张美云，俎媛媛. 中国重点高校国际化发展状况的数据调查与统计分析
［J］. 高等教育研究，2014，35（8）.

［6］陈曦萌. 从职前培养回顾百年德国职教师资专业化发展［J］. 职业技术教育，
2015，36（13）.

［7］陈亮. 高职教师工作满意度现状及其影响因素分析［J］. 岳阳职业技术学院学
报，2019，34（5）.

[8] 曹萌，孟久儿．"一带一路"战略背景下我国的教育国际化：基于财政支持视角的分析［J］．未来与发展，2017，41（4）．

[9] 陈凤菊．美国社区学院推进国际化的举措与启示：基于对19所社区学院的分析［J］．职业教育研究，2021（6）．

[10] 陈相宇，刘晓．中职学校教师职业倦怠的影响因素及其作用关系：基于工作满意度、组织承诺、心理资本的实证研究［J］．职教论坛，2021，37（12）．

[11] 冯柏麟．教师工作满意及其影响因素的研究［J］．教育研究，1996（2）．

[12] 范皑皑，丁小浩．教育、工作自主性与工作满意度［J］．清华大学教育研究，2007（6）．

[13] 冯缙，秦启文．工作满意度研究述评［J］．心理科学，2009，32（4）．

[14] 高红琴，黄海燕．民办高职教师工作满意度现状调查研究［J］．教育导刊，2018（9）．

[15] 胡咏梅．中学教师工作满意度及其影响因素的实证研究［J］．教育学报，2007（5）．

[16] 胡晓霞，王霞．高职教师工作满意度的现状与对策［J］．职业技术教育，2008，29（34）．

[17] 黄俊，吴隆增，朱磊．CEO变革型领导行为对中层管理者工作绩效和工作满意度的影响：组织支持知觉和价值观的作用［J］．心理科学，2012，35（6）．

[18] 胡业华，卢建平．职教教师专业化视域下的双师型教师培养制度研究［J］．职教论坛，2015（24）．

[19] 何珊珊．高职教师职业倦怠的影响因素及缓解措施［J］．黑龙江科学，2022，13（9）．

[20] 姜勇，钱琴珍，鄢超云．教师工作满意度的影响因素结构模型研究［J］．心理科学，2006，29（1）．

[21] 柯婧秋，王亚南．高等职业教育国际化：现状、问题及对策——基于全国231所高职院校的调查［J］．职业技术教育，2017，38（36）．

[22] 李树林．职教教师专业化发展内涵的嬗变［J］．职教论坛，2006（23）．

[23] 卢志达，杨彩莲．双因素理论在高职院校教师激励中的应用［J］．职业教育研究，2007（2）．

[24] 李忠民，徐捷．工作内嵌入对组织支持感受和工作绩效的中介效应：基于中国民航企业的实证研究［J］．西安财经学院学报，2013，26（2）．

[25] 李萌．基于激励理论视角的高职院校教师激励研究［J］．安阳工学院学报，

2013, 12 (5).

[26] 罗杰, 周瑗, 陈维, 等. 教师职业认同与情感承诺的关系: 工作满意度的中介作用 [J]. 心理发展与教育, 2014, 30 (3).

[27] 李新发. 全国中等职业学校教师培养培训调查报告 [J]. 职教论坛, 2016 (31).

[28] 李勋华, 杨亚丽. 中等职业学校教师职业吸引力影响因素实证分析 [J]. 职业技术教育, 2017, 38 (20).

[29] 李玉静, 杨明. 世界职业教育与培训的转型: 理念、行动与趋势——基于对 2012 年以来 UNESCO 行动及政策文本的分析 [J]. 职业技术教育, 2017, 38 (21).

[30] 李薇. 中职学校教师职业倦怠成因及对策 [J]. 课程教育研究, 2020 (5).

[31] 陆菊, 班兰美. 高职教师职业认同与工作价值观、工作满意度、职业倦怠的关系研究 [J]. 装备制造技术, 2021 (1).

[32] 刘妍, 李新发.《职业院校教师素质提高计划》实施 10 年: 成就、价值与展望 [J]. 教育学术月刊, 2021 (2).

[33] 李慧. 教师国际化: 悉尼大学国际化发展之基石 [J]. 扬州大学学报: 高教研究版, 2022, 26 (4).

[34] 李瑞林, 李正升, 张兴涛. 职业教育国际化高质量发展: 价值意蕴、现实困境与推进策略 [J]. 中共云南省委党校学报, 2022, 23 (6).

[35] 米靖. 论职业教育教师的专业化及其要求 [J]. 职教通讯, 2010 (9).

[36] 梅乐堂.“双高计划”背景下职业院校教师激励制度优化探究 [J]. 河南教育: 高等教育, 2022 (10).

[37] 裴丽, 唐一鹏, 黄嘉莉, 等. 东亚高绩效四国教师工作满意度及其影响因素: 基于 TALIS 数据的多水平分析 [J]. 教师教育研究, 2020, 32 (1).

[38] 潘孝富, 秦启文, 谭小宏. 学校组织气氛与教师工作绩效的关系分析 [J]. 心理科学, 2006 (6).

[39] 瞿亚森. 论新形势下的高职国际化人才定位与培养目标 [J]. 苏州市职业大学学报, 2017, 28 (4).

[40] 曲鹏, 王佳锐, 吴建伟. 高职教师职业倦怠问题成因分析 [J]. 试题与研究, 2020 (7).

[41] 秦云芳.“双高”建设背景下高职院校青年教师需求层次和工作满意度现状调查分析 [J]. 柳州职业技术学院学报, 2021, 21 (3).

[42] 邱懿, 何正英, 杨勇. 稳步推进职业教育国际化: 基础、遵循与借鉴 [J]. 中国

职业技术教育，2022（29）.

[43] 钱伟钧. 高职院校教师职业倦怠现状及对策研究［J］. 黑龙江生态工程职业学院学报，2022，35（2）.

[44] 孙清兰. 高频词与低频词的界分及词频估算法［J］. 情报科学，1992（2）：28-32.

[45] 邵海燕. 公办高职院校教师满意度与工作现状调查研究：基于绩效工资背景［J］. 现代交际，2020（21）.

[46] 石贵莹，余玢洁，田文娇. 高职院校教师职业倦怠成因分析及对策探究［J］. 中外企业文化，2020（10）.

[47] 王彩霞. ERG 理论视角下高职教师激励机制创新的路径研究［J］. 九江职业技术学院学报，2022（2）.

[48] 邬余俊，杨绍祥. 职业院校教师职业倦怠的成因分析与化解对策［J］. 教育与职业，2022（20）.

[49] 吴青萍，杨素秋，赵宇萱. 高职院校青年教师激励机制现状与改进措施探析［J］. 就业与保障，2023（2）.

[50] 魏绪涛. 高校教师职业倦怠的成因及其对策：以大学英语教师职业倦怠问题为例［J］. 宁波职业技术学院学报，2011，15（4）.

[51] 徐英俊，姜红梅. 职教教师工作生活质量评价研究：人口学变量与问卷检验释析［J］. 职教论坛，2015（2）.

[52] 徐英俊，罗晓东，刘新宇. 当代我国高职教师工作生活质量评价研究［J］. 职业技术教育，2016，37（10）.

[53] 徐英俊，王殿春，栾素绮. 当代我国中职教师工作生活质量评价研究［J］. 职教论坛，2016（15）.

[54] 许绘萍. 职业院校教师职业倦怠的成因及解决对策［J］. 河南农业，2018（3）.

[55] 徐昭恒，王琪，朱军文. 激情背后的"理性"：高校青年教师缘何参与大学国际化［J］. 复旦教育论坛，2018，16（5）.

[56] 王琪. 高职院校教师组织支持感与工作满意度关系研究：职业适应的中介作用［J］. 中国高教研究，2018（9）.

[57] 梅辉，黄红英. 高职院校教师工作满意度调查研究［J］. 武汉工程职业技术学院学报，2021，33（2）.

[58] 徐小洲，阚阅. 跨入新全球化：新时期我国教育对外开放的挑战与对策［J］. 教

育研究，2021，42（1）.

[59] 温倩. 高职院校青年教师职业倦怠现状与归因分析［J］. 发明与创新：职业教育，2021（1）.

[60] 杨彩莲. 高职院校教师工作满意度实证研究［J］. 高教论坛，2007（6）.

[61] 尤玉钿. 高职院校教师工作满意度实证研究：基于广东省高职院校的调查研究［J］. 职业教育研究，2010（8）.

[62] 于海燕，祁占勇. 我国职业教育政策研究热点的领域构成与拓展趋势［J］. 教育与职业，2015（7）.

[63] 余姗姗，何少庆. "双高计划"背景下高职院校国际化发展的导向、问题与对策［J］. 教育与职业，2020（10）.

[64] 尹伊婷. 高职教师职业倦怠干预中的行动研究［J］. 智库时代，2020（8）.

[65] 尹玉辉. 中职教师从业体验高于预期：2019 年全国中等职业教育满意度调查新发现（二）［N］. 中国教育报，2020 – 08 – 18.

[66] 尹玉辉. 中职教师队伍：从业现状、建设成效与政策建议：基于全国中等职业教育教师满意度调查［J］. 河北师范大学学报：教育科学版，2021，23（4）.

[67] 严瑛. 陕西高职教育教师激励政策分析［J］. 人才资源开发，2023（3）.

[68] 张茜. 关于高职高专院校教师职业倦怠问题的研究［J］. 法制博览，2018（15）.

[69] 张慧波. "双高"建设背景下高职学校国际化发展策略［J］. 教育与职业，2019（21）.

[70] 张慧波，岑咏. 新时代职业教育对外开放：作为、难为与何为［J］. 职教论坛，2021，37（10）.

[71] 郑婧. 职业院校教师激励机制的相关理论研究［J］. 中国多媒体与网络教学学报：中旬刊，2022（10）.

[72] 张晓红. 中职教师职业倦怠研究回顾与展望［J］. 新教育，2023（11）.

[73] 庄西真. 欠发达地区中等职业教育发展的社会心理因素的调查与分析［J］. 河南职业技术师范学院学报：职业教育版，2003（5）.

[74] 朱治亚，王海艳，潘荣杰. 美国高等教育国际化竞争力研究及其启示［J］. 黑龙江高教研究，2020（12）.

[75] 周雅菊. 基于需求层次理论的高职院校教师激励机制研究［J］. 机械职业教育，2022（4）.

网络资源

[1] 职业教育这十年：培养数以亿计的高素质产业生力 [EB/OL]. (2022 – 05 – 25) [2023 – 03 – 20]. https：//epaper. gmw. cn/gmrb/html/2022 – 05/25/nw. D110000 gmrb_20220525_1 – 08. htm.

[2] 职业教育前途广阔大有可为 [EB/OL]. (2021 – 04 – 29) [2023 – 03 – 21]. http：//opinion. people. com. cn/n1/2021/0429/c1003 – 32091154. html.

[3] 职业教育国际化平台的构建与功能发挥 [EB/OL]. (2020 – 09 – 15) [2023 – 03 – 21]. https：//www. gdgm. edu. cn/kyc/2020/0915/c310a31105/page. htm.

[4] 教育部：中国特色职业教育国际化发展模式逐步形成 [EB/OL]. (2022 – 08 – 17) [2022 – 12 – 17]. https：//m. gmw. cn/baijia/2022 – 08/17/1303096516. html.

[5] 对十三届全国人大三次会议第 2977 号建议的答复 [EB/OL]. (2020 – 10 – 26) [2023 – 01 – 26]. http：//www. moe. gov. cn/jyb_xxgk/xxgk_jyta/jyta_zcs/202011/ t20201119_500702. html.

[6] 浙江省教育厅关于印发《浙江省高等教育"十四五"发展规划》《浙江省职业教育"十四五"发展规划》《浙江省教师队伍建设"十四五"规划》的通知 [EB/OL]. (2021 – 06 – 18) [2021 – 07 – 25]. http：//jyt. zj. gov. cn/art/2022/01/19/ art_1532994_58918647. html.

[7] 激发教师活力，提升实践能力，凝聚各方合力：培育"工匠之师"的青岛经验 [EB/OL]. (2019 – 10 – 24) [2022 – 10 – 12]. http：//www. moe. gov. cn/jyb_ xwfb/xw_zt/moe_357/jyzt_2019n/2019_zt4/qdx/mtjj/201910/t20191024_405052. html.

[8] 熊建辉. 互容 互鉴 互通：新中国 70 年教育国际交流与合作之路 [EB/OL]. (2019 – 09 – 23) [2023 – 03 – 22]. http：//m. jyb. cn/rmtzcg/xwy/wzxw/201910/ t20191015_267339_wap. html.

硕博论文

[1] 蒋成伟. 工作幸福感视角的 CJ 民办高职院校青年教师激励机制优化研究 [D]. 重庆：四川师范大学，2022.

[2] 李志英. 高校教师工作满意度研究：以新疆乌鲁木齐市高校为例 [D]. 上海：华东师范大学，2011.

[3] 贺文谨. 职教教师教育的反思与建构：基于专业化取向的研究 [D]. 上海：华东师范大学，2007.

［4］汤金宝. 中学教师组织支持感对工作满意度、工作压力的作用机制研究［D］. 南京：南京航空航天大学，2018.

［5］肖梦楚. 儒家激励观视角下 S 中职教师激励管理研究［D］. 南昌：江西农业大学，2021.

［6］于蒙蒙. 中等职业学校教师职业倦怠成因与对策研究：以石家庄市为例［D］. 石家庄：河北师范大学，2020.

英文文献

［1］ASHTON P T，WEBB R B. Making a difference：Teachers' sense of efficacy and student achievement［M］. New York：Longman，1986.

［2］GEORGE J M.，BRIEF A P. Feeling good – doing good：A conceptual analysis of the mood at work – organizational spontaneity relationship［J］. Psychological Bulletin，1992（112）.

［3］HACKMAN J R.，OLDHAM G. Development of the Job Diagnostic Survey［J］. Journal of Applied Psychology，1995，60（2）.

［4］OSTROFF C. The relationship between satisfaction，attitudes，and performance：An organizational level analysis［J］. Journal of Applied Psychology，1992，77.

［5］SKAALVIK E M，SKAALVIK S. Does school context matter? Relations with teacher burnout and job satisfaction［J］. Teaching and Teacher Education，2009，25（3）.

［6］SKAALVIK E M，SKAALVIK S . Teacher job satisfaction and motivation to leave the teaching profession：Relations with school context，feeling of belonging，and emotional exhaustion［J］. Teaching and Teacher Education，2011，27（6）.

后　记

本书是北京市规划办优先关注项目"北京市专任教师从业状况与生活状况调查研究"（立项编号：AFEA2020020）的研究成果。

2013年南开大学统计专业博士毕业之后，我进入中国教育科学研究院职业教育与继续教育研究所工作。十年来，浸润在国家级智库里一批优秀教育研究人员之中，从一名职业教育门外汉成长为专业研究人员，具备了一定的职业教育宏观政策研究经验，尤其在职业院校教师政策研究方面有较为深入的思考。同时，在北京市规划办优先关注项目的研究过程中，收集和整理不少教师研究素材，本书是笔者在职业教育教师研究方面多年来积累的成果。

书稿完成之际，除了完工后的轻松，还有诸多感慨。在中国教育科学研究院的十年里，完全抛弃自己本硕博十年求学路上积累的学术和人脉资源，从零开始积累职业教育研究，但有幸在中国教育科学研究院的平台上，参与全国性大样本数据调研，服务国家教育决策，在量化分析中发挥自己的专长，为政府部门决策提供翔实科学的一手材料，为新时代教育，尤其是职业教育，综合改革现实问题发出声音，聊以自慰。在著述研究过程中，仍深感教育理论基础不够扎实，实践总结上升至学术理论高度的能力有待加强，书稿质量难免有不如意之处。

本书得以完成，首先感谢中国教科院领导同事，从2013年以来，我院始终将"办好人民满意的教育"作为一项重要研究工作，持续推进全国教育满意度调查项目，在调查抽样，问卷设计等环节院领导亲自参与，并聘请院内外教育、统计专家进行研讨，为教育满意度研究奠定基础。2016

年、2019 年分别进行职业教育满意度调查，调查涉及学生、教师、雇主、校长等。本人有幸作为执行人和核心成员参与其中，对满意度理论和方法进行深入研究，并完成本书部分素材积累。特别要感谢职业教育与继续教育研究所内领导和同事，孙诚、王新波、王纾、赵晶晶、韩倩、张浩、聂伟等在调查研究过程中给予指导、支持，本人受益匪浅。

同时，本书在撰写过程中，得到职教同仁的很多帮助。天津滨海职业学院有志青年徐唐的倾情加入，让教师工作生活质量计量文献研究成为本研究重要一部分；感谢同事刘妍的鼎力支持，其在职业院校教师教育培训领域宏观系统的研究，为本研究增添厚重一笔；感谢山东理工大学刘丽老师和北京交通运输职业学院宋爱荣老师，她们牺牲自己的休息时间，参加了书稿的第五章和第七章的初稿撰写和校对工作。

最后，感谢我的父母，在我成家后的十多年里，帮我分担家务，照顾孩子，给予我宽慰和支持，使我内心充满前行的力量，在放弃和坚持中，选择不懈坚持。感谢我的爱人，对我"抛家舍业"式工作节奏的默默支持，没有抱怨，唯有补位，作为三个孩子的爸爸，在做好自身工作，赚钱养家之余，承担了接送孩子，买菜做饭、洗衣服、打扫卫生的琐碎日常，用细节诠释了爱是理解，是付出，是支持，是责任和担当。

由于个人能力和学术水平有限，加之职业院校教师相关研究有限，本书还存在诸多不足，敬请大家不吝赐教。

尹玉辉
2023 年夏于北京